Charles Coquelin

# Du Crédit
# et des Banques
# dans l'Industrie

*Essai*

ISBN : 978-1973894858


10  9  8  7  6  5  4  3  2  1

Charles Coquelin

# Du Crédit et des Banques dans l'Industrie

*Essai*

# Table de Matières

## Section I.

L'industrie, dans sa marche progressive, s'avance sur deux ligues parallèles. D'un côté, elle crée les instruments du travail, invente ou perfectionne les procédés mécaniques, dompte les éléments, soumet les agents naturels à sa puissance : c'est le progrès matériel ou physique ; de l'autre, elle développe les facultés humaines, tantôt par l'union des forces, tantôt par la séparation des tâches ; elle active par de savantes combinaisons la circulation des capitaux et la distribution des produits ; elle encourage enfin le travail en multipliant autour de lui les conditions d'ordre, de garantie et de sécurité c'est le progrès moral ou social. Si l'on cherche quels sont aujourd'hui les derniers termes du progrès matériel, on trouve en première ligne les machines à vapeur, les chemins de fer et ces ingénieux mécanismes qui ont porté si haut l'industrie des tissus. En cherchant sur la ligne parallèle les institutions qui marquent le dernier terme du progrès moral ou social, on s'arrête naturellement aux sociétés par actions, parmi lesquelles on distingue les compagnies d'assurances, et, par-dessus tout, les banques.

Il serait difficile de dire dans laquelle de ces deux voies l'humanité a fait les plus brillantes conquêtes. Certes, on peut rester en admiration devant les prodiges accomplis par la vapeur depuis un demi-siècle, et l'on s'étonne avec raison en considérant par la pensée tout ce que l'invention si simple des chemins de fer promet dans un avenir prochain. Mais que faut-il penser de cet ingénieux système des actions sans lequel toute grande entreprise serait inabordable à l'homme, de cette heureuse combinaison des assurances qui permet aux individus de se donner carrière en corrigeant pour eux les caprices du hasard, des banques enfin, qui mettent aux mains des travailleurs les capitaux, sans lesquels toute leur activité se consumerait en efforts stériles ?

Toutefois le préjugé public n'attribue pas à ces deux genres de découvertes une importance égale. En général, tes progrès qui s'accomplissent dans l'ordre moral sont moins appréciés que ceux qui se remarquent dans l'ordre matériel. Ceux-ci, sans être plus réels, sont bien plus apparents et plus sensibles. Ils se laissent, pour ainsi dire, toucher au doigt ; ils se mesurent à l'œil, et leurs résultats, facilement supputables en chiffres, peuvent se calculer avec une rigueur mathématique. Les autres ont un caractère plus intime ou plus latent : leur influence se fait plutôt sentir qu'elle ne se manifeste ; elle échappe à tout calcul rigoureux ; elle s'exerce d'ailleurs dans des régions où l'œil du vulgaire ne pénètre pas. Aussi les progrès matériels ont-ils été presque toujours aisément compris, acceptés avec empressement et poursuivis avec ardeur, tandis qu'on a vu trop souvent les autres, on faiblement goûtés, ou même entièrement méconnus.

C'est surtout par rapport aux banques que cette vérité se manifeste. Il suffit de parcourir leur histoire pour s'assurer de leur incomparable puissance et reconnaître les immenses services qu'elles ont rendus. Par elles, un pays pauvre, l'Écosse, a pu fleurir tout à coup, malgré les résistances d'un sol ingrat, et les exigences tracassières d'une législation partiale, qui n'était pas faite par lui ni pour lui. Par elles encore, les Américains du nord ont conquis tout un monde sur le désert, et ce monde nouveau, qu'ils venaient d'arracher comme au néant, ils l'ont élevé à un degré de splendeur commerciale que les contrées les plus anciennement florissantes n'ont pas connu. C'est à ses banques, bien plus qu'à tout le reste, que l'Angleterre doit la prépondérance qu'elle a conquise en Europe et l'immense prospérité dont elle jouit. Que n'auraient pas fait ailleurs ces merveilleuses institutions, si presque partout des lois imprévoyantes n'avaient ou altéré leur principe ou comprimé leur essor ? Dans les pays même où corrompues dans leur essence et perverties dans leur action, elles n'ont eu qu'une existence passagère et ruineuse, elles ont laissé des traces brillantes de leur passage, et leur puissance a éclaté jusque dans les désordres qui ont suivi leur chute. Cependant quelle froideur générale quand par hasard le sort de ces institutions s'agite ! L'opinion, prompte à s'alarmer quand un misérable intérêt pécuniaire est en péril, pourvu que cet intérêt pécuniaire soit réductible en chiffres, s'émeut à peine, quand on vient à mettre en question l'existence à venir des banques, de qui dépend toute la situation financière et commerciale d'un pays.

Il ne faut pas, du reste, accuser ici l'erreur du vulgaire, car l'indifférence que nous signalons est le partage même des hommes éclairés. Il faudrait plutôt accuser la science, qui n'a pas su assigner aux banques leur véritable place. Il semble qu'il y ait dans le jeu de ces institutions quelque chose de mystérieux qui échappe à l'examen et ne se laisse pas soumettre à l'analyse. Ce qui est sûr, c'est que la science n'a pas encore su rendre compte de leur action. Cherchez, en effet, dans les travaux des économistes, et vous n'y trouverez rien qui explique d'une manière satisfaisante, nous ne dirons pas les immenses bienfaits des banques, car ces bienfaits, on les conteste, mais l'étonnante et incontestable influence qu'elles ont exercée dans tous les temps.

Pourtant les opérations qui constituent le commerce de banque n'offrent rien par elles-mêmes de très compliqué dans la pratique. Il est probable qu'à l'origine elles ont été imaginées sans effort, sans grand travail d'esprit. Le seul maniement des affaires les a suggérées à des hommes simples, qui n'avaient d'autre science que la science vulgaire du commerçant. Aussi se sont-elles introduites dans le monde sans date certaine et sans nom d'auteur. Mais ces mêmes opérations, si faciles à concevoir, à imaginer, à pratiquer, qui, dès le principe, n'ont pas arrêté un seul instant les esprits les moins subtils, présentent encore aujourd'hui, quand on les considère dans leurs relations avec le commerce en général, un problème épineux contre lequel vient échouer toute la pénétration des plus savants économistes. Phénomène étrange, dont on admettrait à peine l'existence, si l'on n'en retrouvait ailleurs des exemples ! Pareille chose se remarque à propos du langage. Le peuple qui crée les langues et qui les forme ne les comprend pas, du moins ne sait-il pas se rendre compte des lois qui les gouvernent. En créant les mots, il les rapporte à l'ensemble avec un instinct sûr, et ces rapports, qu'il a établis lui-même, il n'en a pas conscience. Il connaît la langue pour son usage, il la pratique, il la manie comme un instrument docile ; mais ce même instrument dont il se sert tous les jours sans effort, et qui est son ouvrage, renferme des mystères dont il n'a pas la clé. C'est par un contraste semblable que la raison du commerce échappe au commerçant. Ainsi va l'homme dans la plupart de ses voies ; il marche d'un pas ferme et sûr, guidé tantôt par le sentiment de ses besoins, tantôt par le fil d'une analogie secrète, et quand ensuite, faisant un retour sur lui-même, il interroge ses œuvres, il n'en comprend plus le sens : il s'étonne de ne plus même retrouver la trace de ses pas dans la route qu'il vient de parcourir.

Le commerce de crédit, de change et d'argent, dont les banques s'occupent, étant susceptible d'un grand nombre de combinaisons diverses, il y a naturellement plusieurs sortes de banques, et quelquefois les conditions d'existence, aussi bien que les procédés, varient tellement de l'une à l'autre, qu'on est étonné de voir appliquer la même dénomination à des institutions si différentes. Comme il est rare, d'ailleurs, qu'un seul de ces établissements embrasse à la fois toutes les branches d'un commerce si étendu, il est très difficile de rencontrer deux banques, à moins qu'elles ne soient copiées l'une sur l'autre, dont tous les procédés soient identiques : ce qui semble interdire toute pensée d'une classification rigoureuse et absolue. On peut cependant admettre quelques divisions générales. Ainsi l'on a distingué les banques territoriales d'avec les banques commerciales, et rien n'empêche de s'arrêter à cette distinction. C'est peut-être la seule qui soit vraiment générique. Commençons donc par considérer les banques territoriales, dont nous aurons peu de choses à dire. Nous nous arrêterons ensuite aux banques commerciales, qui sont le principal objet de cet écrit.

Les banques territoriales, telles qu'on les a conçues dans plusieurs pays, sont établies en vue de la propriété foncière, et leur objet est de procurer des avances aux propriétaires du sol. Elles émettent des billets, dont la valeur est garantie par une sorte d'hypothèque sur les biens-fonds, et qui portent un intérêt servi par les produits annuels du sol. Plusieurs banques de ce genre sont établies dans le nord de l'Europe, en Suède, en Pologne, en Prusse, etc. Voici en général leur manière d'opérer. Tout propriétaire de terres ayant besoin d'argent pour son exploitation peut s'adresser à la banque, qui, moyennant une garantie hypothécaire sur la valeur totale de ses propriétés, lui fait des avances jusqu'à concurrence des deux tiers ou des trois quarts de cette valeur. Les avances ainsi faites ne sont pas remboursables à terme fixe, mais elles portent un intérêt annuel, par exemple, de 5 pour 100. Afin d'opérer peu à peu sa libération, le propriétaire qui a reçu des avances de la banque s'oblige à lui payer tous les ans, outre les intérêts, un à-compte de 3, 4 ou 5 pour 100, de manière à amortir insensiblement sa dette. Quant à la banque, elle se procure les fonds dont elle se sert pour ses avances, en émettant des billets contre de l'argent. Ces billets sont des titres au porteur, qui se passent de main en main, et circulent dans le public. On pense bien qu'ils ne sont pas remboursables à vue, car la banque, ne rentrant dans ses avances qu'insensiblement et après un long terme, ne serait pas en mesure d'opérer un semblable remboursement ; nais, par compensation, ils portent intérêt à raison de 5 pour 100 par an, plus semblables en cela à nos titres de rentes publiques qu'à nos billets de banque. La banque reçoit ainsi tous les ans des propriétaires fonciers l'intérêt des avances qu'elle leur a faites, et les distribue ensuite aux porteurs de ses billets.

Tel est en peu de mots le système des banques territoriales. Il a été exposé avec plus de détails dans plusieurs écrits publiés par des Polonais résidant en France, et notamment dans un ouvrage estimable de M. Cieszkowski, qui a paru sous ce titre : *Le Crédit et la Circulation*. Ce que nous venons de dire suffit pour en faire comprendre le but et les principaux moyens.

À le bien prendre, ceci n'est autre chose qu'une sorte de centralisation des prêts hypothécaires et de l'hypothèque elle-même. La banque se substitue seule à la foule des prêteurs qu'elle représente, en même temps qu'elle rassemble chez elle toute la somme des hypothèques ou garanties partielles qui appartiendraient à chacun d'eux, pour en faire une garantie générale et commune. Heureuse et belle idée, d'une réalisation facile, et dont les résultats sont importants. Son premier avantage est de remédier à cette confusion, à ce désordre, que le fractionnement de l'hypothèque entraîne presque partout, et que l'on remarque particulièrement en France. Elle augmente d'ailleurs la garantie des prêteurs en la faisant porter, non plus sur telle propriété particulière sujette aux accidents, mais sur l'ensemble de toutes les propriétés engagées ; elle ouvre aux propriétaires eux-mêmes une source plus invariable et plus sûre d'emprunts faciles, à des prix modérés, sans parler des formalités et des frais de tous les genres qu'elle leur épargne. Enfin, comme elle permet de mobiliser les créances hypothécaires sous la forme de billets au porteur, elle fait répandre dans la circulation une masse de valeurs qui sans cela demeureraient stériles, et par là elle augmente en effet la richesse sociale, en ajoutant aux moyens d'action que l'industrie possède. Il serait fort à désirer que l'on songeât sérieusement à appliquer en France, avec les modifications convenables, cette idée, qui, à côté d'avantages réels et très grands, ne présente aucun danger ni aucun inconvénient appréciable. Seulement il ne faudrait pas croire, avec M. Cieszkowski et plusieurs autres écrivains, qu'une institution de ce genre, qui n'a pas, quoi qu'on en dise, de relation bien essentielle avec le crédit, pût suppléer le moins du monde à l'action des banques commerciales.

Les banques commerciales, dont les fonctions sont plus étendues et plus variées, pourraient elles-mêmes se diviser en plusieurs classes. Sans entrer dans des classifications qui auraient quelque chose d'arbitraire, et qui sont après tout inutiles, nous nous bornerons à indiquer les principales opérations qui sont de leur ressort. En laissant donc de côté les rapports que les banques commerciales ont eus souvent avec les gouvernements qui les ont établies, ainsi que les emplois d'un ordre secondaire qu'elles, ont partagés avec, les banquiers particuliers, on peut résumer ainsi leurs principales fonctions :

1° Escompter les effets de commerce, en prenant un intérêt proportionné au terme de l'échéance.

2° Émettre des billets payables à vue et au porteur, qu'elles donnent soit en échange des effets de commerce qu'on leur présente, soit en paiement de toute autre dette qu'elles contractent, et qui peuvent circuler dans le publie jusqu'à ce qu'il plaise aux porteurs de les présenter à la caisse pour les convertir en argent.

3° Faire des avances aux particuliers, soit en billets de banque, soit en argent comptant, moyennant des garanties, telles que dépôt de marchandises, et particulièrement de matières d'or et d'argent, dépôt de titres ou de valeurs publiques, hypothèques sur des biens-fonds.

4° Ouvrir à des particuliers ou à des établissements publics des crédits à découvert jusqu'à concurrence d'une somme déterminée, soit après avoir exigé préalablement une caution, soit sur la seule garantie de la moralité ou de la solvabilité du crédité. Cette fonction est particulièrement caractéristique des banques d'Écosse.

5° Recevoir en dépôt l'argent des particuliers, à charge de le rendre à toute réquisition, tantôt en s'obligeant à payer un intérêt pour les sommes déposées, comme font les banques d'Écosse, tantôt en se chargeant seulement d'effectuer sans rétribution, pour le compte des déposants, tous les paiements et tous les recouvrements d'effets de commerce, comme fait la banque de France, tantôt enfin en se bornant à effectuer les paiements par des virements de parties ou des transferts sur les livres, comme faisaient autrefois les banques de Venise, de Gênes, d'Amsterdam, de Rotterdam et de Hambourg.

Toutes ces opérations, sauf la dernière, qui a son caractère propre et qui exige quelques réflexions à part, ont un rapport direct avec le crédit et ne sont, malgré leur diversité réelle, que le développement d'une même idée. Nous expliquerons le sens de chacune d'elles ; nous montrerons leurs relations ainsi que les différences qui les distinguent, le but où elles tendent, et le bien qu'elles réalisent. Qu'on nous permette de tracer d'abord un aperçu rapide de l'histoire des banques, en les conduisant depuis leur faible et cou fuse origine jusqu'à ce point de développement où elles sont arrivées dans certains pays.

### Section II.

La première banque dont l'histoire fasse mention est celle qui fut établie à Venise vers le milieu du XIIᵉ siècle. Sous le duc Vitalis Michael, la république, écrasée par les charges de la guerre qu'elle soutenait contre l'empire d'Orient, engagée en même temps dans des hostilités contre l'empire d'Occident, après avoir épuisé toutes ses ressources financières, eut recours à la ressource extrême d'un emprunt forcé sur les citoyens riches. L'emprunt se fit en rentes constituées, pour le paiement desquelles on obligea les revenus de la seigneurie. Les prêteurs furent réunis en une chambre, qui recevait du gouvernement l'intérêt de l'emprunt à raison de 4 pour 100, et le répartissait à ses membres dans la proportion de leur contribution. Cette chambre forma dans la suite la banque de Venise. Quelle que fût dans le principe la nature de ses opérations, et l'on n'a pas à cet égard de données bien certaines, on sait qu'elle devint plus tard une simple banque de virement. Elle recevait en dépôt l'argent des particuliers, et leur ouvrait un crédit jusqu'à concurrence des sommes déposées. Ces crédits se transmettaient par le moyen d'une cession ou virement de parties que les débiteurs faisaient à leurs créanciers, de manière que tous les paiements pouvaient s'effectuer sans le transport du numéraire. La république répondait des sommes déposées à la banque. Elle se montra toujours jalouse de les conserver intactes.

Charles Coquelin

Ce fut dans des circonstances à peu près semblables qu'on établit à Gênes, en 1407, la banque dite de Saint-George, calquée sur celle de Venise. Elle reçut des dépôts et effectua les paiements des particuliers, à son exemple. Cependant les guerres étrangères et civiles, qui affligèrent continuellement cette république, lui rendirent si souvent nécessaire la ressource des emprunts, et la banque de Saint-George eut avec le gouvernement des rapports si fréquents, si étroits, qu'il faut plutôt considérer celle-ci comme une caisse d'emprunts publics que comme une institution commerciale.

La banque d'Amsterdam, établie en 1609, à peu près sur les mêmes principes, se renferma au contraire dans ses rapports avec le commerce. C'est la plus considérable qui ait existé dans ce temps-là. Des institutions du même genre furent fondées à Hambourg en 1619, à Nuremberg en 1621, et à Rotterdam en 1635.

Jusque-là, comme on vient de le voir, les banques commerciales n'avaient eu que des fonctions très restreintes. Elles ne s'étaient pas appliquées au développement du crédit ; elles n'avaient pratiqué ni l'escompte des effets de commerce, ni les avances à découvert, ni la circulation des billets ; tout leur emploi consistait à faciliter les paiements des particuliers, en les effectuant par de simples écritures et sans aucun transport de numéraire. Ce n'est pas que le principe de la circulation des billets fût alors inconnu : il paraît certain qu'il avait été mis en pratique à Venise dès le xv<sup>e</sup> siècle ; mais la république s'effraya de la disparition du numéraire,[1] qui en fut la conséquence, et comme elle soutenait alors des guerres lointaines qui exigeaient l'emploi de sommes considérables en monnaie effective, elle se hâta de le rappeler en interdisant d'une manière absolue tous les paiements en papier. Depuis lors, cette tentative n'avait plus été renouvelée nulle part, au moins d'une manière suivie et régulière.

On s'étonne que des villes aussi industrieuses, aussi commerçantes que l'étaient Venise, Amsterdam, Hambourg, ne se soient pas portées plus avant dans la voie féconde où elles s'étaient engagées, qu'elles se soient arrêtées si longtemps pour ainsi dire aux portes du crédit, sans essayer d'y entrer. Il n'y avait qu'un pas à faire. Les dépôts effectués dans les caisses des banques se montant à des sommes considérables, il était aisé de comprendre l'avantage

---

1 On verra plus loin comment cette disparition du numéraire s'explique.

qu'il y aurait à utiliser ces valeurs oisives en les reversant par une autre voie dans la circulation. Il n'y aurait eu, du reste, aucun danger à le faire, si les banques avaient eu soin de se faire préalablement à elles-mêmes une réserve propre à rassurer les déposants. L'expérience ayant prouvé que les dépôts séjournaient longtemps dans les caisses, et n'étaient jamais retirés que par petites sommes, aussitôt remplacées par d'autres, il suffisait de tenir constamment les caisses assez bien pourvues d'argent pour suffire à toutes les demandes éventuelles. Le reste, formant un excédant réel sur les besoins du service, pouvait très bien retourner au commerce, en servant à l'escompte de ses effets. C'est ainsi que les banques auraient augmenté les ressources du commerce en entrant dans la voie du crédit. Ce premier pas eût bientôt conduit à un autre, l'émission des billets circulants, qui se lie de près, comme nous le verrons, à l'escompte, et dès-lors les banques se seraient placées sans effort au point où elles sont arrivées de nos jours. On se demande comment cette idée si simple ne s'est pas présentée à l'esprit des habiles négociants que ces villes célèbres renfermaient en si grand nombre ; ou plutôt si, comme nous avons lieu de le croire, elle ne leur a pas échappé, comment se fait-il qu'ils n'aient pas songé plus sérieusement à la réaliser ?

Cette singularité s'explique. Il faut se rappeler d'abord que partout où existaient les banques dont nous parlons, les dépôts étaient reçus sous l'autorité de la ville ou de l'état, qui s'en rendait caution. Disposer de ces dépôts, même dans des vues louables et avec des garanties satisfaisantes, c'eût été à certains égards violer la foi publique. Ce qui pouvait convenir à des compagnies composées d'hommes privés, agissant sous l'autorité de la loi, ne convenait peut-être pas autant à des pouvoirs constitués contre lesquels le recours est moins facile. Ce système aurait exigé, d'ailleurs, on vient de le voir, la constitution préalable d'un fonds de réserve : autrement, la possibilité d'un découvert, en alarmant sans cesse les déposants, les aurait souvent portés, avant le temps, à retirer leurs dépôts, et il ne pouvait guère entrer dans la pensée des autorités publiques de se soumettre à une semblable obligation.

Mais cette raison n'est pas la seule. À l'origine, les banques de dépôt n'avaient pas été instituées seulement pour effectuer, par des virements de parties, le paiement de toutes les dettes respectives des négociants ; elles avaient eu encore pour objet, au moins dans quelques villes, de créer, sous le nom d'argent de banque, une monnaie idéale inaltérable. À une époque où le scandaleux abus de l'altération des monnaies, si fréquent dans la plupart des états de l'Europe, venait à tout instant porter le désordre dans les relations commerciales, les républiques commerçantes s'efforcèrent d'échapper aux conséquences désastreuses de cet abus, en opposant aux monnaies courantes, sujettes à tant de variations, une monnaie idéale qui ne variât jamais. De là cette formation de dépôts publics, où le numéraire était apporté et reçu pour sa valeur intrinsèque, c'est-à-dire en raison de la quantité d'or ou d'argent effectif qu'il contenait ; de là cette supposition de pièces de monnaies idéales, qu'on appelait argent de banque ; de là enfin cette règle d'effectuer tous les paiements par des cessions de titres ou par de simples écritures, de manière à éviter l'usage, alors si dangereux, des monnaies courantes. On comprend que, si les banques avaient remis immédiatement en circulation, sous forme de prêts ou d'avances, l'argent qu'elles recevaient à titre de dépôt, cet objet essentiel de leur institution était manqué.

Quelque restreintes qu'elles fussent dans leurs opérations, il n'est pas douteux que ces anciennes banques n'aient rendu en leur temps de grands services. C'était beaucoup, à une époque où les monnaies allaient se dégradant partout, au grand détriment des particuliers et surtout du commerce, qui en éprouvait de rudes atteintes, d'avoir pu établir autour de soi l'usage d'une monnaie inaltérable et constante : c'était non-seulement épargner au commerce des pertes réelles que l'altération des monnaies lui fait toujours subir, mais encore rétablir chez lui la sécurité, la confiance, que la seule crainte d'une altération possible pouvait incessamment troubler. Par-là les banques dotaient en effet les villes qui les possédaient d'une sorte de crédit relatif bien supérieur à celui dont on jouissait ailleurs. L'avantage qu'elles offraient d'effectuer tous les paiements à l'aide d'un simple transfert commode et facile n'était pas lui-même sans importance. En ce sens, elles contribuèrent puissamment à fixer et à accroître dans ces villes le mouvement des affaires qui s'y portait d'ailleurs. Mais, dans la suite, quand la déplorable ressource de l'altération des monnaies fut abandonnée par tous les gouvernements de l'Europe, l'utilité de ces banques diminua ; dans l'état actuel des relations et des besoins, elle se ferait médiocrement sentir.

En 1668, on établit à Stockholm une banque d'un autre genre, qui parait avoir été le modèle des banques territoriales propagées depuis dans le nord de l'Europe ; mais c'est vraiment à l'époque de l'établissement de la banque d'Angleterre que s'ouvre l'ère de ces institutions d'un nouvel ordre, qu'on peut appeler les banques modernes.

La fondation de la banque d'Angleterre est due au stathouder de Hollande, devenu roi d'Angleterre sous le nom de Guillaume III, et qui en avait pris l'idée dans sa patrie. Sans doute, elle fut calquée à bien des égards sur les banques anciennement connues : cependant elle s'écarta dès le principe des règles suivies jusqu'alors. Il n'est, pas sûr, à la vérité, que les opérations auxquelles elle se livra n'aient été toutes pratiquées avant elle ; mais les plus importantes, comme l'émission des billets circulants, ne l'avaient été du moins que comme des essais sans suite, tandis qu'elle eut la gloire d'y persévérer. C'est par là qu'elle est devenue le modèle des institutions du même genre qui se sont propagées plus tard.

Sa fondation remonte au xviie siècle. Un acte du parlement autorisa d'abord l'ouverture d'une souscription de 1 million 200,000 livres sterling (30 millions de francs), qui fut remplie en dix jours. Bientôt un nouvel acte institua la banque, et l'érigea en corporation, avec tous les privilèges attachés à ce titre : la charte d'institution est, du 27 juillet 1694. Par cette charte, il fut permis à la banque de négocier en toutes sortes de billets ou effets commerçables, tels que lettres de change, et en or ou en argent, soit en espèces monnayées, soit en lingots, etc. ; de recevoir en dépôt toutes sortes de marchandises, et de faire des avances aux déposants ; de prendre des hypothèques sur les terres, excepté celles de la couronne, et de vendre le produit des terres hypothéquées ; de faire des avances an gouvernement, mais avec l'autorisation préalable des chambres, qui, dans ce cas, devaient pourvoir au paiement des intérêts ; enfin d'émettre des billets payables à vue et au porteur, mais seulement jusqu'à concurrence du montant de son capital de 1 million 200,000 livres, à moins qu'un nouvel acte du parlement ne l'autorisât à étendre plus loin ses émissions. Ainsi la banque d'Angleterre réunissait dès-lors en elle les principales conditions des banques commerciales ; mais une autre clause de l'acte d'institution en altéra les bases dès son principe.

Par cette clause, la banque s'obligeait, en retour du privilège qui lui était concédé, à remettre au gouvernement, à titre de prêt, le montant entier de son capital. Il ne lui resta donc, pour opérer dans ses relations avec le commerce, qu'un titre de créance non réalisable sur le gouvernement, et un revenu annuel réglé ainsi qu'il suit : 96,000 liv. sterl. pour les intérêts de sa créance, calculés à raison de 8 pour 100 par an, et 400 liv. sterl. qui lui étaient allouées en paiement des frais qu'entraînait l'administration des affaires relatives à l'échiquier ou trésorerie de l'état, en tout 100,000 liv. st. (2 millions 500,000 francs). C'est donc avec ce faible revenu, et sans aucun capital disponible, qu'elle dut s'aventurer dans la carrière des émissions de billets,[1] et asseoir les fondements de ce crédit colossal auquel elle aspira dès-lors. Elle ne recula pas devant sa tâche, et l'on sait comment elle l'a remplie.

Toutefois, malgré l'évènement, nous ne craindrons pas de dire que cette tentative plus qu'audacieuse n'était pas destinée à un pareil succès. Dans les conditions où elle s'était placée, la banque d'Angleterre devait ou périr, ou se rabattre sur les opérations secondaires, dont les banques s'étaient contentées jusqu'alors. L'émission des billets circulants était trop dangereuse pour elle, privée qu'elle était d'un fonds de réserve capable de rassurer le publie sur leur solidité. Aussi sa marche fut-elle d'abord lente et pénible. Elle languit pendant seize années, luttant avec des difficultés croissantes contre les justes préventions du publie. Malgré la loi qui donnait à son papier un cours forcé, ses billets perdirent jusqu'à 20 pour 100 contre le numéraire : triste preuve d'une débilité précoce ; premier signe de désarroi, qui n'était que le présage d'un plus grand désastre. Elle se soutint dans ces circonstances critiques, race à une rare persévérance et à la protection constante du parlement. Mais persistant, comme elle l'a fait depuis, dans le système abusif de prêter au gouvernement le montant entier de son capital, à mesure qu'elle l'augmentait par de nouvelles souscriptions d'actions ; toujours plus ambitieuse à mesure qu'elle augmentait ses richesses nominales, et toujours également pauvre ou dépouillée de moyens effectifs, elle

---

1 Selon toute apparence, c'est parce qu'elle se trouva dans une situation semblable que la banque de Venise dut renoncer à l'émission des billets circulants.

Section II.

marchait sur m i abîme, qui, selon les lois de la prudence humaine, devait tôt ou tard l'engloutir. Une circonstance particulière, en dehors de toutes les prévisions, et dont on n'a pas assez tenu compte, vint tout à coup lui prêter une assistance inattendue, et conjurer sa destinée.

En 1708, le parlement rendit un acte qui interdisait, dans l'Angleterre et le pays de Galles, le commerce de banque et l'émission des billets, à toute compagnie, autre que la banque d'Angleterre, composée de plus de six associés. Cette disposition, à certains égards étrange, produisit un effet bien remarquable : elle créa en Angleterre un système de crédit tout particulier ; système bâtard et vicieux sans aucun doute, mais qui n'était pas, après tout, dépourvu de consistance ni d'une certaine harmonie dans son ensemble. Le pays se peupla de petites banques, jouissant de toutes les facultés des grandes, mais qui comptaient au plus six associés ; c'est ce qu'on appelle en Angleterre les banques privées (*private basales*), établissements plus considérables, en général, que ceux de nos banquiers particuliers, mais qui sont loin d'atteindre à l'importance des compagnies. Ces banques privées jouissaient légalement, comme on vient de le voir, de la faculté d'émettre des billets payables à vue et au porteur ; mais par le fait cette faculté devenait pour elles à peu de chose près stérile. Quelle apparence, en effet, d'implanter dans la circulation des billets émanés d'établissements si médiocres ! Pour suppléer à leur insuffisance, elles se tournèrent vers la banque privilégiée, à laquelle elles se rattachèrent volontairement par les liens d'une solidarité étroite. Elles entreprirent donc l'escompte des effets de commerce ; mais, au lieu de les payer avec leurs propres billets circulables, elles empruntèrent ceux de la banque centrale, à laquelle elles remirent en échange tout ou partie des billets escomptés. De là naquit un système à la fois mixte et complexe, où des fonctions naturellement unies se partagèrent : aux banques privées l'escompte, à la banque centrale l'émission des billets. Celles-là prêtèrent à l'autre leurs moyens pécuniaires, dont la réunion était considérable, et par là lui donnèrent une solidité qu'au fond et par elle-même elle n'avait pas : elles reçurent d'elle, à leur tour, la faculté d'émission qui leur manquait, ou dont elles ne jouissaient qu'en apparence. Obligées de se servir dans leurs escomptes des billets de la banque d'Angleterre, elles étaient in-

Charles Coquelin

téressées à en soutenir la circulation dans leurs cantons respectifs, comme s'ils leur avaient appartenu en propre, et dans le fait elles n'y manquaient pas. Dans tous les temps elles conservèrent l'usage de payer à présentation tous les billets de la banque mère, et souvent, dans les moments de crise, elles en prirent vis-à-vis du public l'engagement formel. Elles devinrent ainsi comme autant de succursales volontaires de la banque privilégiée, autant de comptoirs particuliers qui venaient en aide au comptoir principal, et le suppléaient même dans les moments d'éclipse. C'est grâce à cet appui inattendu, et sur lequel ses fondateurs ne comptaient pas, que la banque d'Angleterre s'est soutenue avec tant d'éclat, malgré les vices trop réels de sa constitution originaire, malgré l'insuffisance reconnue de ses moyens et la constante fragilité de sa puissance.

Que n'a-t-on pas dit sur son étrange fortune ? Quels projets gigantesques cet exemple n'a-t-il pas inspirés ? À quelles absurdes théories n'a-t-il pas donné naissance ? Quand on a vu cette institution dépourvue de tout capital réalisable, sans autre avoir propre que des rentes, soutenir d'une main le crédit de l'état, entretenir de l'autre la plus vaste circulation de billets que jamais banque ait entreprise, on s'est livré aux plus extravagantes suppositions. Les uns ont pensé qu'il n'y avait qu'à vouloir pour inonder le monde d'un papier faisant l'office du numéraire, et ouvrir ainsi pour chaque peuple, sans effort et sans travail, une source intarissable de biens. D'autres, plus modestes, ont du moins posé en principe qu'il appartenait aux gouvernements, pourvu qu'ils se renfermassent dans certaines limites, de combler avec du papier tous les vides de leurs trésors. Plusieurs aussi, prenant le contre-pied de ces brillantes chimères, n'ont vu, dans l'institution de la banque d'Angleterre, qu'un édifice monstrueux dont ils ont cent fois prédit la chute. Mais toutes les suppositions et toutes les théories ont été de nouveau confondues ou jetées hors de leurs limites, quand on a vu cette même banque, après un siècle d'existence, suspendre, en 1797, tout paiement de son papier en numéraire, et maintenir, sans perte trop sensible, cette étonnante suspension pendant l'espace de plus de vingt-deux ans. On se fût moins hâté de crier merveille, comme aussi on se serait épargné tant de prédictions vaines, si l'on avait étudié le fait dans toutes ses dépendances. Au lieu de considérer la banque isolément, on l'aurait prise avec sa puissante escorte, avec ses innombrables satellites. On aurait compté non pas seulement ses ressources propres, mais toutes les ressources réservées pour elle dans les banques privées ; alors on aurait trouvé l'explication du phénomène, on aurait vu les pieds du colosse, et le prodige se serait évanoui.

Tout cela pourtant ne constitue pas un développement normal du crédit. Malgré l'appui intéressé du gouvernement, dont la fortune est aujourd'hui liée à la sienne, malgré la sagesse réelle qu'elle déploie dans la situation périlleuse où elle s'est mise, malgré l'assistance même des banques privées, il est permis de croire que la banque de Londres n'aurait pas vécu jusqu'aujourd'hui dans un pays moins tranquille que l'Angleterre, ou plus exposé qu'elle aux invasions. Tout a concouru pour la préserver d'une chute que sa mauvaise organisation semblait rendre inévitable. En laissant d'ailleurs à part les conditions de solidité et de durée, il est certain que la banque de Londres n'a pas donné le dernier mot des institutions de crédit ; c'est à celles de l'Écosse qu'en était réservé l'honneur.

En 1695, un an après l'établissement de la banque d'Angleterre, se formait sans éclat, à Édimbourg, une institution du même genre, plus modeste dans ses prétentions, mais plus solide et plus complète ; c'est celle qui porte le nom de banque d'Écosse (*bank of Scotland*). Elle fut autorisée par un acte du parlement écossais, qui l'érigea en corporation. Son capital primitif, formé par des actions de 83 liv. 6 sh. 8 d., ne s'éleva pas à plus de 100,000 liv. sterl. (2,500,000 fr.) : capital bien modeste, mais suffisant pour les affaires qu'elle voulait entreprendre, et qu'elle eut du moins le bon esprit de conserver dans son intégrité. Aussi ses débuts furent-ils heureux et ses progrès rapides. Dans la suite, le capital de la banque d'Écosse s'est accru à mesure que ses affaires s'étendaient ; mais il est toujours demeuré comparativement faible, comme celui de tous les autres établissements du même genre qui se sont formés dans le pays.

En 1727 fut instituée la banque royale d'Écosse (*royal bank of Scotland*). Une somme de 246,550 liv. steri., allouée à l'Écosse comme indemnité de sa réunion à l'Angleterre, fut par les commissaires affectée à cet usage, le meilleur en effet qu'on pût trouver. On n'y appliqua d'abord que 111,000 liv., et le capital fut fixé à 150,000 liv. dans l'année 1738. Cette nouvelle banque, érigée en corporation comme la première, ne fut pas moins heureuse qu'elle, et leur existence simultanée ne fut pas un obstacle à leurs développements progressifs.

Une troisième banque incorporée fut établie en 1746 sous le nom de compagnie linière (*British linen company*). Comme son titre l'annonce, elle eut d'abord pour objet spécial d'encourager l'industrie du lin, industrie presque nulle alors et maintenant si florissante. Elle lui rendit en effet d'immenses services ; mais dans la suite elle étendit son patronage indistinctement sur toutes les industries, et ne se distingua plus en cela des autres banques. Son capital, primitivement fixé à la somme de 100,000 liv. sterl., fut porté plus tard à 500,000 liv. ; mais il n'a pas dépassé cette limite, inférieure même à celle où se sont arrêtées la plupart des compagnies rivales, ce qui ne l'a pas empêchée de se placer dans une position très éminente, où elle s'est maintenue jusqu'à ce jour.

C'est à Édimbourg que s'étaient concentrées ces premières banques. Glasgow, la seconde ville de l'Écosse, ne tarda pas à suivre l'exemple de la capitale, qui fut ensuite imité de proche en proche dans toute l'étendue du pays. Il est bon de remarquer d'ailleurs que les trois banques que nous venons de nommer sont les seules qui aient été fondées avec l'intervention de l'autorité publique et érigées en corporations. Toutes les autres se formèrent librement, spontanément, et se constituèrent en compagnies à fonds réunis (*joint stock banks*), espèce de société très répandue dans la Grande-Bretagne, dispensée de toute autorisation préalable, et qui n'est pourtant pas autre chose que, notre société anonyme, avec cette seule différence que rien n'y limite la responsabilité des associés.

Pourquoi les banques d'Écosse se sont-elles généralement constituées sur de meilleures bases que celles de Londres, à commencer par la première, qui s'établit presqu'en même temps ? C'est qu'elles étaient situées loin du siège du gouvernement, avec lequel elles n'eurent jamais, heureusement pour elles, aucun rapport direct. Ce qui a fait le malheur de la plupart des banques, ce qui a été la cause la plus ordinaire de leurs erreurs, de leurs désastres, c'est qu'elles ont été prises presque partout sous l'aile des gouvernements, qui en ont fait le plus souvent des caisses d'emprunt pour leur usage. Abandonnées à elles-mêmes, elles se seraient généralement conduites, on peut le croire, avec réserve, avec prudence. Il. n'entre guère dans l'esprit du commerce de se lancer dans les entreprises extravagantes. Quelque audacieux qu'on le suppose, il se ménage, il galonne en progressant, et ne se jette point à corps perdu dans les hasards. Pourquoi les banques auraient-elles agi autrement, elles qui, instituées en grandes compagnies, comme elles le sont toujours, doivent naturellement procéder avec plus de mesure encore que les établisse meus privés ? Aussi, l'histoire le prouve, la cause de leurs erreurs remonte presque toujours aux pouvoirs même qui les instituaient : témoin les extravagances de la banque de Law, les périlleuses expériences de la banque de Londres, et celles plus regrettables des banques américaines, qui, elles aussi, ont été établies dans l'origine en vue des pouvoirs qui les autorisaient. Un peu moins de privilèges et plus de liberté : voilà ce qu'il fallait à ces banques pour répandre le bien là où elles ont trop souvent semé la ruine. Nulle part le système du crédit par les banques ne s'est développé avec plus de liberté et de spontanéité qu'en Écosse, et nulle part il n'a poussé des rameaux plus vigoureux, ni porté des fruits plus abondants et plus purs.

Il est probable que l'Écosse avait emprunté à l'Angleterre l'idée de l'institution des banques ; mais elle ne tarda pas à la devancer dans cette carrière en s'y frayant des routes nouvelles. Ainsi, c'est la *banque d'Écosse* qui, la première, dès l'année 1696, établit des succursales, émit, en 1704, des billets au porteur de 1 liv. sterl., reçut des dépôts à intérêts, et, dès l'année 1729, accorda des crédits en compte : opérations auxquelles la banque de Londres est demeurée étrangère, et qui ont été longtemps caractéristiques du système écossais.

En répandant leurs branches sur toute la surface du pays, les banques écossaises y ont jeté un merveilleux réseau d'agents de la circulation. Par-là elles ont étendu leur influence, réparti leurs bienfaits, et créé à l'usage du commerce des moyens de communication faciles et sûrs, qui en ont activé les transactions. Les crédits en compte, qu'elles ont pratiqués concurremment avec l'escompte des effets de commerce, diffèrent de celui-ci quant au fond. C'est une autre manière de faire des avances et d'accorder aux commerçants le bénéfice du crédit. Il y a pourtant, comme nous le verrons plus tard, une différence assez notable dans l'application ; mais, par cela seul que le mode diffère, il a son utilité propre, car il est bon que les moyens d'être utiles varient comme les besoins qu'ils sont destinés à satisfaire.

La plus belle innovation qui leur soit due, c'est sans contredit l'usage des dépôts à intérêts. Quand on compare sur ce point la pratique des banques écossaises avec celle des anciennes banques de Venise, d'Amsterdam et de Hambourg, on se sent comme transporté dans un autre monde, et l'on mesure avec étonnement les progrès accomplis. À Venise, à Amsterdam, à Hambourg, les déposants payaient à la banque des droits de garde ; ils payaient même une légère rétribution à chaque transfert, et une autre encore lors du retrait des dépôts. Ici les rôles sont renversés, et ce sont les banques elles-mêmes qui paient, à titre d'intérêts, une rétribution aux déposants. Entre ces deux modes d'opérer, il y a tout un abîme, et l'on pressent déjà les conséquences d'un changement si radical.

D'abord, l'appât d'un intérêt attirant dans les caisses des banques toutes les sommes réservées dans les caisses particulières ; la masse des dépôts s'est accrue. L'habitude de verser en banque son argent disponible est devenue générale, de particulière qu'elle était a une certaine classe de Commerçants. De là l'usage des transferts s'est lui-même généralisé, et le but que les anciennes banques s'étaient proposé, cet objet spécial et pour ainsi dire exclusif de leur institution, d'éviter les transports coûteux du numéraire, a été mieux et plus complètement rempli.

En outre, les dépôts ne sont pas restés ce qu'ils étaient, un simple cadre pour les transferts ; ils sont encore devenus un moyen d'économie et d'ordre. Quiconque a eu par devers lui une somme d'argent actuellement disponible a pu la faire fructifier, en attendant le moment de s'en servir. Dès-lors quel ménagement de la richesse sociale ! Quelle activité constante dans son emploi ! Pas une faculté qui demeurât oisive, pas une parcelle du numéraire existant qui ne montrât son produit de tous les jours.

L'usage des dépôts se répandant de proche en proche jusque dans les rangs inférieurs de la population, les banques écossaises se sont vues même chargées d'une fonction plus imprévue et plus haute. Dans leurs mains ont été remises, à côté des fonds disponibles du riche, les lentes économies du pauvre. Caisses de garde, de réserve

Section II.

et de prévoyance pour le premier, elles sont devenues pour l'autre des caisses d'épargne et d'accumulation. Elles la remplissaient, cette fonction de haute prévoyance sociale, et la remplissaient avec bonheur, longtemps avant que le nom des caisses d'épargne, aujourd'hui si populaire, eût été prononcé En Angleterre ou en France ; et mieux organisées d'ailleurs pour cet emploi que ne le sont nos caisses actuelles, puisqu'elles trouvaient toujours dans leurs crédits et leurs escomptes l'occasion de fertiliser les dépôts, elles n'étaient pas obligées, comme elles, de mesurer le bienfait. Elles ne marquaient pas une limite étroite et sévère où le montant des dépôts s'arrêterait. Aussi l'ouvrier laborieux qui leur avait confié son pécule pouvait-il, par des apports successifs et l'accumulation croissante des intérêts, le grossir sans mesure et sans terme, non pas seulement de manière à se former une réserve pour les mauvais jours, mais encore de manière à s'élever un jour, par la formation d'un établissement, au-dessus de sa condition présente. Grande et salutaire institution, qui répandait l'espérance parmi le peuple, en même temps que les idées d'ordre et le souci de l'avenir ! Ainsi, les banques écossaises ont longtemps remplacé les caisses d'épargne, qui n'étaient pas connues ; elles en sont aujourd'hui l'indispensable complément.

On peut imaginer combien la masse des dépôts reçus par les banques, et reversés par elles sous forme d'avances au commerce, augmentaient la puissance de ces établissements comme maisons d'escompte et de crédit. N'eussent-elles fait aucun usage de leurs capitaux propres, elles auraient trouvé dans la somme des dépôts confiés à leur garde des ressources suffisantes pour faire face à d'innombrables escomptes et à des crédits fort étendus.

En 1826, les embarras du commerce et les succès constatés des banques écossaises déterminèrent le parlement à rapporter l'acte de 1708, qui interdisait en Angleterre le commerce de banque à toute compagnie composée de plus de six associés ; au moins l'application de cette mesure fut-elle restreinte à un rayon de soixante milles autour de Londres. À partir de ce moment, on vit surgir en Angleterre, à côté des banques privées, des *joint stock banks*, instituées à l'imitation de celles de l'Écosse. Elles s'élevèrent d'abord lentement, et en 1833 il n'en existait encore en tout que trente-quatre ; mais dans les années suivantes elles se multiplièrent avec une telle rapidité, qu'en 1836 on en comptait déjà près de quatre-vingts. Réunies aux banques d'Écosse, elles constituent aujourd'hui, sur la surface de la Grande-Bretagne, le système de crédit sinon le plus large, au moins le plus complet qui ait existé dans aucun temps.

Quand on a étudié dans leur mécanisme ces belles institutions, il ne reste plus, dans l'ordre des faits existants, aucun progrès réel à observer. Nous n'essaierons donc pas de mettre en scène les banques commerciales établies ailleurs. Ce qui nous reste à faire, c'est d'exposer la théorie générale des banques, en nous éclairant des faits qui précèdent. La tâche est difficile, nous le savons ; mais, si nous réussissons à nous rendre clair, nous ne désespérerons pas de la remplir.

## Section III.

De toutes les facultés que les banques possèdent, la plus presti-gieuse, sans aucun doute, est celle d'émettre des billets circulants. Ce don de payer avec du papier au lieu de numéraire, et de faire accepter ce papier de tout un public pour de l'argent comptant, a quelque chose en effet de bien remarquable, et qui tient, en appa-rence, du merveilleux. Aussi a-t-il de tout temps séduit les ima-ginations aventureuses, et, par la même raison, effrayé les esprits timides. Les uns ont vu dans cette faculté une source intarissable de richesses, les autres un dangereux leurre qui devait nécessaire-ment conduire aux précipices ; tous se sont accordés d'ailleurs à la considérer comme essentielle et fondamentale pour les banques, à tel point qu'ils ont presque oublié les autres fonctions que ces institutions remplissent, pour ne voir en elles que des fabriques de billets. Si l'on avait examiné les choses de plus près, on aurait vu que cette faculté, toute brillante qu'elle est, n'a rien après tout que de naturel et de simple, rien qui ne s'explique par les données générales du commerce. On aurait compris aussi que, malgré son importance réelle et très grande, elle ne remplit après tout, dans l'ensemble des opérations d'une banque, qu'un rôle subordonné, comme étant l'indispensable complément d'une autre fonction plus essentielle.

Mais il fallait d'abord se rendre un compte exact de sa nature et de ses effets. Il fallait savoir d'où cette faculté dérive et jusqu'où elle s'étend ; il fallait surtout comprendre le véritable caractère du billet de banque, et le principe de son émission. Sur tout cela que d'erreurs ! que de théories incohérentes, absurdes, consacrées pourtant par le silence et quelquefois par l'assentiment des meilleurs esprits !

L'opinion assez généralement reçue est que la faculté d'émettre des billets de banque revient à celle de *battre monnaie*, et qu'elle tend à remplacer dans la circulation le numéraire par le papier. On a lieu de s'étonner qu'après un siècle et demi de pratique des banques commerciales, lorsque leur papier a été tant de fois mis à l'épreuve et apprécié, lorsque, d'autre part, les fonctions, la nature et les qualités essentielles de la monnaie ont été si bien et si clairement définies, il puisse y avoir encore des hommes, non pas ignorants, mais éclairés, qui s'avisent de comparer le papier de banque à la monnaie, qui prétendent ranger sur la même ligne et confondre sous la même dénomination des choses si profondément distinctes. Il est pourtant vrai que cette hérésie monstrueuse trouve encore aujourd'hui de nombreux partisans. Partout on entend répéter autour de soi que les billets des banques remplacent l'argent, que les banques, par leurs émissions, augmentent la masse du numéraire, que le droit qu'on leur accorde d'émettre des billets équivaut à celui de battre monnaie ; et ces erreurs grossières, qui ne sont que le renversement des plus simples notions de la science, semblent s'accréditer de jour en jour. Elles se résument toutes dans ce mot connu : *papier monnaie*, accouplement monstrueux de deux termes incompatibles, et dans ce prétendu axiome de l'économie politique anglaise, que *la monnaie est à son état le plus parfait lorsqu'elle est de papier*. Il semble, à nous voir colporter ces mots creux ou caresser ces chimères, que nous soyons retournés au temps du système de Law, ou que nous ayons encore aujourd'hui, comme alors, notre apprentissage à faire.

Dans le fait, depuis Law jusqu'à nos jours, les doctrines que la plupart des économistes se sont faites sur les banques varient peu quant au fond. Elles se résument dans cette pensée, toujours la même, que le papier des banques remplace l'argent. Seulement, à cette pensée première, qui leur est commune à tous, chacun d'eux en a associé d'autres, qui en ont modifié l'application. Ceux-ci ont cru que, pour remplir convenablement la fonction de numéraire, le papier des banques avait besoin d'être soutenu par la perspective assurée d'un remboursement à volonté ; ceux-là ont, au contraire, posé en principe qu'il lui suffisait d'être, pourvu qu'il circulât sous l'autorité et avec la sanction de la loi. Law, qui admettait, avec la plupart des économistes de son temps, que l'or et l'argent constituent toute la richesse d'un peuple, et qu'on ne saurait trop les multiplier dans un pays, jugeait aussi, par une conséquence naturelle de ce principe, qu'on ne doit pas mettre de bornes à l'émission du papier destiné à remplacer l'argent, et son système tendit en effet, dès le début, alors même qu'il était constitué sur des bases d'ailleurs assez raisonnables, à gorger le pays par des émissions de billets sans mesure et sans fin. Les économistes qui sont venus après lui ont posé d'autres règles. Plus éclairés sur le véritable emploi de l'or et de l'argent, sachant bien que les monnaies ne sont utiles que comme agents de la circulation et dans la mesure que les besoins de cette circulation comportent, ils n'ont pas admis que, la masse des papiers en circulation doive excéder, en aucun cas, celle de la monnaie elle-même. Plusieurs d'entre eux, comme Adam Smith et M. J.-B. Say, ont même établi, par une sorte de tempérament dicté par la prudence, qu'il ne fallait remplacer par du papier qu'une partie du numéraire, par exemple, la moitié, tandis que d'autres, comme Ricardo plus résolus, plus décidés, ont proposé hardiment de substituer le papier à toute la somme du numéraire existant. Mais tous, quelle que soit la diversité de leurs opinions quant aux mesures d'application, se sont ralliés autour de cette pensée première, que le papier des banques remplace l'argent.

C'est cette fatale doctrine, avec ses commentaires et ses variantes, qui a été la source empoisonnée de tous les faux systèmes, de toutes les combinaisons malheureuses, qui ont tant de fois compromis le sort des banques, comme elle a été, en d'autres temps, le prétexte des résistances qu'elles ont rencontrées ou des persécutions qu'elles ont subies. Il ne sera pas difficile d'en faire sentir l'erreur.

Il est peut-être vrai de dire, dans une certaine mesure, que l'usage des billets de banque diminue l'emploi de la monnaie dans la circulation, en ce sens qu'il rend cet emploi moins nécessaire ; mais ce n'est pas là une propriété qui leur soit particulière : elle leur est commune avec les effets du commerce, tels que lettres de change et

Section III.

billets à ordre, avec les effets publics négociables ou transmissibles au porteur, et généralement avec tous les titres de crédit. La monnaie n'étant qu'un intermédiaire dans les échanges, qui sont le véritable objet de toutes les transactions, l'habitude contractée dans un pays d'opérer les échanges par la voie du crédit, c'est-à-dire par des obligations et des promesses, rend moins nécessaire l'emploi de cet intermédiaire coûteux. Plus donc l'usage du crédit se répand dans un pays, plus celui de la monnaie devient inutile et rare ; et comme de tous les agents du crédit, de tous les titres qui le représentent, les billets de banque sont les plus puissants, les plus actifs, les plus susceptibles d'un usage général et régulier, il est certain qu'ils contribuent plus encore que tous les autres à rendre inutile l'emploi de la monnaie. À fais ce n'est pas à dire pour cela qu'ils la remplacent. Ils la remplacent si peu, qu'ils n'ont d'autorité et de valeur qu'autant qu'on peut avec leur aide se procurer de l'argent à volonté.

La monnaie est une marchandise. Elle a sa valeur propre et intrinsèque, et ce n'est qu'en raison de cette valeur qu'elle est reçue dans les échanges. Personne n'ignore cette vérité. Pourquoi donc assimiler à la monnaie un papier auquel manque le caractère essentiel qui la fait être ? Cette condition d'une valeur intrinsèque est même tellement essentielle à la monnaie, que rien ne peut ni la suppléer ni la forcer. Otez à une monnaie quelque chose de sa valeur intrinsèque, diminuez dans une proportion quelconque son poids ou son titre, et aussitôt, quel que soit le nom qu'elle porte, de quelque sanction qu'elle soit revêtue, elle perdra dans la circulation, et comme moyen d'échange, exactement ce qu'elle aura perdu comme marchandise. Eh bien ! si le caractère d'une monnaie et sa valeur intrinsèque sont ainsi rigoureusement déterminés par sa valeur spécifique, comment concevoir que l'on prétende attribuer ce même caractère, cette même valeur, aux billets de banque, qui ne sont, après tout, et considérés en eux-mêmes, que des chiffons de papier ?

Les billets des banques ne sont donc pas une monnaie. De plus, il n'est donné à personne de leur en imprimer le caractère, car s'il n'y a point de puissance humaine qui puisse attribuer à des pièces d'or et d'argent une valeur supérieure à celle qu'elles portent avec elles, il n'y a point de lois qui puissent élever à leur niveau un papier dépourvu de toute valeur.

Charles Coquelin

Qu'est-ce donc qu'un billet de banque ? Une obligation commerciale, et rien de plus. C'est un titre de créance qu'une banque délivre et qu'elle doit acquitter plus tard. Ce n'est pas une valeur actuelle, mais un engagement ou une promesse. Promesse, obligation, un peu différente pour la forme, mais exactement la même quant au fond, que toutes celles qui s'échangent journellement dans les transactions privées.

Mais, dit-on, si le papier des banques n'est pas une véritable monnaie, ce sera du moins une *monnaie fictive*, circulant dans le public comme la monnaie réelle et y remplissant les mêmes fonctions. Comme cette expression de *monnaie fictive* n'a dans la langue aucun sens déterminé, rien n'empêche absolument de s'en servir pour désigner telle ou telle espèce de papier : c'est une manière comme une autre de s'expliquer en peu de mots. Cependant il est bon de remarquer que cette désignation ne convient pas plus aux billets des banques qu'à toute autre espèce de papier transmissible, circulant à diverses conditions dans le public. Si les billets des banques sont une monnaie fictive, il faut en dire autant des lettres de change, des billets à ordre, de tous les titres enfin qui se négocient ou se transmettent. Comme les billets de banque, les effets de commerce passent de main en main ; ils servent aux échanges, aux paiements, aux transactions de toutes les sortes, et la seule différence qui s'y trouve, c'est que leur circulation est moins générale et moins facile.

Il n'est d'ailleurs pas exact de dire que les billets des banques, non plus que les effets de commerce, circulent dans le public au même titre que la monnaie réelle, et y remplissent les mêmes fonctions. Partout où la monnaie intervient, elle est reçue comme marchandise ; en cette qualité, elle est acceptée comme un paiement effectif, et les droits comme les prétentions de celui qui la reçoit s'éteignent. Le papier des banques ne circule, au contraire, que comme un titre de créance ; il n'est pas accepté comme un paiement effectif, mais comme la promesse d'un paiement futur, et les droits de celui qui l'a reçu subsistent, avec la seule différence qu'il a changé de débiteur. Au lieu d'un paiement, il y a dans ce dernier cas une novation de créance. C'est un titre substitué à un autre, et voilà tout ; car celui qui paie en billets de banque n'est libéré que parce que, du consentement du créancier, la banque succède à ses engagements. Ainsi la monnaie éteint les obligations, tandis que le papier des banques les renouvelle ou les déplace, tout-à-fait semblable en cela aux effets de commerce, dont il ne se distingue en effet que par la facilité et l'étendue de sa circulation.

Rigoureusement parlant, la dénomination de *monnaie fictive*, que l'on applique aux billets des banques, n'est pas seulement arbitraire, elle est abusive et fausse. Considérez un semblable billet dans ses conditions normales, et vous n'y trouverez rien d'imaginaire ou de fictif. Une société puissante, solidement constituée, très solvable d'ailleurs, s'oblige par un acte à payer à vue et au porteur une somme déterminée, et elle la paie en effet aussitôt qu'on se présente. Où donc est la fiction ? Qu'y a-t-il, au contraire, de plus vrai, de plus réel, de plus palpable ? Certes, un semblable billet ne remplace pas l'argent, et les circonstances même du fait le prouvent : aussi le nom de *monnaie* ne lui est-il pas applicable ; mais il n'est pas non plus une fiction, puisque toutes ses promesses se réalisent. C'est donc en somme une dénomination doublement fausse que celle de *monnaie fictive*. Il n'y a rien de plus abusif que cet accouplement de mots, si ce n'est peut-être les conséquences forcées que l'on en tire.

Si quelquefois ces expressions de *papier monnaie* ou de *monnaie fictive* sont applicables, c'est lorsqu'il s'agit de ces obligations suspectes, de ces promesses mensongères, dont les gouvernements autorisent quelquefois l'émission dans les moments de détresse, pour réparer, aux dépens du public, les torts de leur conduite ; papiers sans valeur, puisqu'ils ne portent avec eux aucune garantie d'un paiement dans l'avenir, et auxquels des lois spoliatrices prétendent néanmoins donner un cours forcé. Tels furent les billets de la banque de Law au temps de la, chute du système ; tels furent aussi plus tard les assignats. On aurait pu, dans une certaine mesure et sauf quelques restrictions nécessaires, attribuer le même caractère aux billets de la banque de Londres et à ceux des banques américaines, dans le temps où les paiements en numéraire étaient suspendus dans ces deux pays. De tels billets ne peuvent être considérés comme des obligations, puisqu'ils n'obligent pas en effet ceux qui les émettent. Ils n'ont plus rien de commercial, puisque toutes les lois du commerce sont méconnues, violées à leur endroit. Tout est fiction, tout est mensonge dans ces billets ; les engagements qu'ils portent ne sont qu'un leurre, les sommes qu'ils' indiquent un simulacre vain. Ils sont d'ailleurs destinés, au moins dans la pensée de ceux qui les autorisent, à remplacer en effet la monnaie, puisqu'ils sont réputés tenir lieu de la monnaie elle-même. C'est donc à de tels billets qu'on peut à bon droit appliquer les noms de *papier monnaie* ou de *monnaie fictive*. Et quel autre nom donnerait-on à ce qui échappe à toute désignation honnête ? Mais alors ces dénominations doivent être appliquées comme des flétrissures et porter avec elles l'arrêt d'une réprobation sévère. On l'a dit avec raison, la création d'un tel papier peut être considérée comme le dernier terme de l'altération des monnaies. C'est lorsque les gouvernements ont recours à ces expédients déplorables que l'on marche droit vers les abîmes.

Il faut dire cependant, pour être juste, que plusieurs économistes, et parmi eux ceux qui passent pour les plus sages, et dont l'opinion sur cette matière a plus de poids, repoussent ainsi que nous ces faux rapprochements, ces dénominations abusives ; mais ce n'est peut-être de leur part qu'une inconséquence de plus. S'ils ne reconnaissent pas aux billets de banque le caractère de là monnaie, s'ils leur refusent même le nom de *papier monnaie* ou de *monnaie fictive*, ils n'admettent pas moins, et d'une manière absolue, qu'ils remplacent la monnaie dans la circulation. C'est à ce point que, selon leur manière de voir, le numéraire se retirerait de la circulation exactement dans la même proportion que les billets de banque y seraient entrés. Mais comment expliquer une semblable hypothèse, soit en principe, soit en fait ? En principe, est-il concevable que des billets qui ne sont pas une monnaie, qui ne méritent pas même le nom de *monnaie fictive*, entrent cependant dans la circulation au lieu et place de la monnaie réelle ; qu'ils y remplissent exactement les mêmes fonctions ; que, reprenant à la monnaie son office, la déshéritant de son emploi, ils la chassent de la circulation, au point de la forcer à chercher un refuge à l'étranger ? En fait, comment s'opère cette prétendue substitution ? par quels moyens s'exécute-t-elle dans la pratique ? quels en sont les agents réels ou apparents ? Dans la pratique, les billets de banque sont ordinairement, et sauf quelques exceptions assez rares qui ne tirent point à conséquence, délivrés aux commerçants en échange de leurs effets. Il semble donc, à en juger par ce fait apparent, qu'ils aillent dans la circulation remplacer tout simplement les effets de commerce.

Section III.

Par quelle étrange et mystérieuse transformation de substance, ces billets, substitués par le fait à d'autres billets, se trouvent-ils sans le savoir remplacer l'argent ? Il faut convenir qu'un semblable phénomène demandait quelque explication ; mais cette explication, on se garde bien de la donner. Que M. J.-B. Say regarde toute cette théorie comme une des plus belles démonstrations d'Adam Smith, permis à lui ; mais, malgré notre juste respect pour A. Smith, il nous est impossible d'y voir autre chose qu'un jeu d'esprit, une puérile hypothèse, entée sur quelques préjugés vulgaires, et imaginée, faute de mieux, pour tourner des problèmes dont on n'avait pas la solution.

Écartons donc toutes ces vaines théories. Il faut tâcher de nous rendre un compte mieux raisonné et plus satisfaisant des fonctions que les banques remplissent. Si nous venions à échouer, après tant d'autres, dans cette entreprise, les banques n'en resteraient pas moins d'admirables institutions, dont les bienfaits, de quelque principe qu'ils dérivent, sont constatés par l'expérience. Mais les hommes ne croient guère à la réalité des biens dont ils ne s'expliquent pas la source.

Comme le véritable objet des banques est, selon nous, de favoriser et d'étendre le crédit commercial, nous devons, pour procéder avec logique, montrer d'abord ce que c'est que le crédit et quels sont les avantages qui en découlent. Occupons-nous donc, avant tout, du crédit. Nous verrons ensuite comment les banques concourent à son développement.

Quoique bien peu de gens comprennent les effets magiques du crédit, et sachent mesurer toute l'étendue de sa puissance, il n'est personne qui ne connaisse l'emploi de ce mot et le sens ordinaire qu'on y attache. Dans l'acception la plus générale, le crédit, c'est la confiance, en tant qu'elle s'applique aux relations commerciales. L'acte par où cette confiance se manifeste le plus ordinairement, c'est le prêt, c'est-à-dire l'avance d'un capital faite par celui qui le possède à celui qui le demande, moyennant l'obligation contractée par ce dernier de le rembourser plus tard. On dit que le crédit règne dans un pays, quand les prêts s'y font abondants et faciles, quand les détenteurs des capitaux les livrent fréquemment et sans beaucoup de peine, dans la confiance d'un remboursement futur. On dit de même d'un particulier, qu'il a du crédit, quand il trouve facilement des prêteurs. Mais il ne faut pas croire, comme cela n'arrive que trop souvent, que le plus grand effet du crédit soit de faire passer l'argent, ou même, pour parler d'une manière plus générale, les capitaux, des mains des capitalistes proprement dits dans celles des travailleurs. À voir la manière dont on raisonne ordinairement sur ce sujet, il semblerait que ce fût là son unique but, ou la seule application dont il fût susceptible. C'est, au contraire, la plus rare et la moins digne d'être observée. Dans tout pays, le plus grand nombre des actes de crédit se consomment dans le cercle même des relations industrielles, c'est-à-dire de travailleur à travailleur, de commerçant à commerçant. Le producteur de la matière première en fait l'avance au fabricant qui doit la mettre en œuvre, en acceptant de lui une obligation payable à terme. Ce dernier, après avoir exécuté le travail qui le concerne, avance à son tour et aux mêmes conditions cette matière déjà préparée à quelque autre fabricant, qui doit lui faire subir une préparation nouvelle, et le crédit s'étend ainsi de proche en proche, d'un producteur à l'autre, jusqu'au consommateur. Le marchand en gros fait des avances de marchandises au marchand en détail, après en avoir reçu lui-même du fabricant ou du commissionnaire. Chacun emprunte d'une main et prête de l'autre, quelquefois de l'argent, mais bien plus souvent encore des produits. Ainsi se fait, dans les relations industrielles, un échange continuel d'avances, qui se combinent et s'entrecroisent dans tous les sens.

C'est surtout dans la multiplication et l'accroissement de ces avances mutuelles que consiste le développement du crédit, et c'est là qu'est le véritable siège de sa puissance.

Si les avances mutuelles pratiquées entre les producteurs sont l'acte le plus ordinaire du crédit, on peut dire aussi, en passant, qu'ils en sont la manifestation la plus régulière et la plus sûre. Les industriels sont ordinairement, et surtout quand ils sont en relation habituelle d'affaires, les meilleurs juges de l'étendue du crédit qu'ils peuvent s'accorder entre eux sans danger. En général, d'ailleurs, les avances de ce genre consistant en marchandises qui deviennent, entre les mains de celui qui les reçoit, des capitaux productifs, sont les meilleures que l'on puisse faire, puisqu'étant destinées à alimenter le travail, elles portent avec elles une sorte de garantie de la moralité actuelle et de la solvabilité future du débiteur. Aussi est-ce

Section III.

par ce canal que le crédit se répand, non-seulement avec le plus d'abondance, mais aussi avec le plus de sûreté dans un pays. Cela ne veut pas dire que les autres modes de son développement, tels, par exemple, que les prêts directs en argent, soient indifféreras ou irréguliers, ni qu'il faille les dédaigner ou les proscrire ; mais ces autres modes ne peuvent à aucun égard se comparer à celui dont nous parlons.

Il semblerait au premier abord que cette combinaison d'avances mutuelles ne fût un avantage pour personne, en ce que chacun ne trouverait dans celles qu'il aurait reçues que l'exacte compensation de celles qu'il aurait faites ; mais il ne faut pas oublier que toutes ces avances se règlent en obligations payables à terme, et que ces obligations prennent la forme de billets négociables, c'est-à-dire transmissibles par la voie de l'endossement. Quiconque a livré des marchandises à crédit devient donc porteur de billets, et ces billets, il lui suffit de les négocier pour rentrer immédiatement dans ses fonds. Dès-lors chacun est maître de recouvrer promptement sous une autre forme les valeurs dont il a fait l'avance, tandis que celles qu'il a reçues au même titre lui restent jusqu'à l'échéance de ses billets. Ses moyens, ses ressources, sa puissance productive, s'accroissent par conséquent de toute la somme des avances qu'il a reçues, sans être diminuées par celles qu'il fait lui-même. Il est clair que dans ce système il y a pour chacun un accroissement net de capital, accroissement égal à toute la somme du crédit qu'on lui accorde.

Le crédit, répondent à cela certains économistes, ne crée pas les capitaux, et ne peut rien ajouter à la richesse effective d'une nation. C'est ce que nous verrons tout à l'heure. En attendant, peut-on nier que, dans le système qu'on vient de voir, le capital productif de chaque industriel ne soit finalement accru ? et s'il en est ainsi pour chacun en particulier, comment n'en serait-il pas de même pour l'ensemble ? Il faut remarquer, d'ailleurs, que tout ceci n'est pas une hypothèse ; c'est un fait qui se passe au grand jour, et dont chacun peut vérifier autour de lui l'exactitude. Ce système d'avances mutuelles entre producteurs se pratique journellement, couramment, avec plus ou moins d'extension, dans tout pays commerçant, et ses effets sont trop clairs, trop frappants, pour qu'on les mette en doute. C'est grâce à ce système que chaque négociant peut, selon l'étendue du crédit dont il jouit, ou les habitudes du pays où il ha-

Charles Coquelin

bite, doubler, tripler, quelquefois décupler la masse de ses affaires ; c'est-à-dire opérer sur des valeurs, deux, trois, quatre, dix fois plus fortes que sa fortune réelle, sans qu'aucun d'eux souffre des crédits accordés à ses voisins. Qu'on nie tant que l'on voudra, en thèse générale, la possibilité d'un accroissement de valeurs par l'effet du crédit ; ces faits-là subsistent. Si l'économie politique, telle qu'on l'a faite, n'explique pas le phénomène, tant pis pour elle ; mais il ne faut pas, en s'autorisant d'une théorie suspecte, nier des faits évidents.

Tel est donc, quoi qu'on dise et qu'on fasse, l'effet direct et nécessaire du crédit, considéré dans les relations commerciales, qu'il augmente la somme des valeurs sur lesquelles chaque industriel opère, et partant la puissance productive de tous.

Ce système d'avances mutuelles est d'ailleurs susceptible d'une extension presque indéfinie. Quand un capitaliste prête ses fonds au commerce, il ne les prête qu'une fois : aussi les crédits qu'il peut accorder sont-ils bornés comme sa fortune ; mais les crédits entre producteurs n'ont pas de bornes, parce que la matière s'en renouvelle sans cesse avec la production. Si l'on suppose, en effet, que tout industriel qui fait à un autre des ventes à crédit a la facilité de rentrer immédiatement dans ses fonds en négociant les effets qu'il reçoit en échange, il puise dans les avances même qu'il a faites les moyens d'en faire encore et de plus grandes le lendemain. Il n'est pas limité par l'étendue de son propre capital, puisque son capital se reconstitue sans cesse en s'accroissant à chaque fois de la somme des bénéfices. En ce sens donc, il n'y a pas de bornes aux avances qu'un industriel peut faire ; il peut les étendre et les multiplier sans terme, et plus il les multipliera, plus il sera en mesure de les multiplier encore.

Rien de plus simple que cette donnée ; rien aussi de plus légitime que les conséquences si larges qu'on en pourrait tirer. Elle nous suffirait d'ailleurs pour faire ressortir tous les avantages qui découlent de l'exercice du crédit, si malheureusement elle n'était pas obscurcie ou altérée, soit par les préjugés du monde, soit par les fausses indications de la science. Revenons donc à l'objection des économistes, qui nous servira à mieux expliquer ce mécanisme.

« Le crédit, dit M. J.-B. Say, ne crée pas les *capitaux*, c'est-à-dire que, si la personne qui emprunte pour employer productivement la *valeur* empruntée acquiert par-là l'usage d'un *capital*, d'un autre côté la personne qui prête se prive de l'usage de ce même capital. » D'où M. J.-B. Say conclut, avec une apparence de raison, que l'exercice du crédit n'opère qu'un déplacement de capital et ne procure au fond que de médiocres avantages. C'est ce qu'il faut voir.

Rien qu'à lire ce qui précède, on voit d'abord que M. J.-B. Say[1] n'a considéré, dans le grand phénomène du crédit, que le seul cas du prêt fait à un industriel par un capitaliste. Il a suivi en cela l'erreur commune, qui semble tout rapporter à ce seul fait. On vient de voir que c'est là le cas le moins général, le moins intéressant et le moins digne d'être observé. Dans l'hypothèse où l'on se place, il est très vrai que le capitaliste qui prête se prive de l'usage du capital prêté. Il aurait pu l'employer lui-même à former un établissement, à faire des expéditions lointaines, à spéculer sur les marchandises, à escompter ; il renonce à cet usage du capital pour en faire jouir l'emprunteur. Il n'y a donc pas alors accroissement, mais seulement déplacement de capital ; ce qui est gagné d'un côté est évidemment perdu de l'autre, et tout ce qu'on peut dire, avec M. J.-B. Say, en faveur de ce déplacement, c'est que l'industriel qui reçoit le capital en prêt saura probablement le faire valoir un peu mieux que ne l'eût fait son possesseur. Mais tout change quand on considère le crédit là où est son véritable siège, dans les avances mutuelles des producteurs. Ce qu'un producteur avance à un autre, ce ne sont pas des capitaux ; ce sont des produits, des marchandises. Ces produits, ces marchandises, pourront devenir et deviendront sans doute, entre les mains de l'emprunteur, des capitaux agissants, en d'autres termes des instruments de travail ; mais ils ne sont actuellement, entre les mains de leur possesseur, que des produits à vendre, et partant inactifs. De là une différence sensible d'un cas à l'autre, différence telle qu'elle renverse toutes les données du problème.

Si l'on veut se rendre compte des effets magiques du crédit, il faut toujours distinguer avec soin, dans les objets qui constituent la richesse d'un peuple, ce qui est produit ou marchandise de ce qui est agent de travail ou capital productif. Tous ces objets, on

1 On ne s'étonnera pas de nous voir mettre en avant, de préférence à toute autre, l'opinion de M. Say, qui est en effet l'opinion dominante, en matière de crédit et de banque. Si nous la combattons avec vivacité, il faut se souvenir que nos observations s'adressent à la doctrine, non à l'homme, dont nous estimons d'ailleurs les travaux.

Charles Coquelin

les confond souvent sous la dénomination commune de capitaux. On a raison quand on ne veut que dresser le bilan d'un peuple, car toute marchandise est capital, tout capital est marchandise, et tout cela fait indistinctement partie des fortunes particulières et de la richesse publique ; mais quand on considère la puissance productive, c'est autre chose. Tant qu'un objet reste entre les mains de celui qui l'a produit, il n'est que marchandise, capital si l'on veut, mais capital inactif, inerte. Loin que l'industriel qui le détient en tire aucun avantage, c'est pour lui un fardeau, une cause incessante d'embarras, de faux frais et de pertes frais de magasinage, d'entretien et de garde, intérêts des fonds et le reste, sans compter le déchet ou le coulage que presque toutes les marchandises subissent quand elles sont longtemps dans l'inaction. Que ces objets sortent donc de ses magasins par une vente à crédit, pourra-t-on dire qu'il se prive de leur usage ? Non, puisqu'ils ne lui étaient plus utiles que pour la vente. Loin de là, il n'aura fait que se débarrasser d'un inutile fardeau. Et cependant, si l'on suppose que ces produits passent de ses magasins où ils dormaient, dans ceux d'un autre industriel qui pourra les appliquer au genre de travail qui lui est propre, de marchandise inerte qu'ils étaient, ils deviendront pour ce dernier un capital actif. Il y aura donc ici accroissement de capital productif d'un côté sans aucune diminution de l'autre. Bien plus : si l'on admet, comme nous le faisons toujours, que le vendeur, tout en livrant ses marchandises à crédit, a néanmoins, reçu en échange des billets qu'il lui est loisible de négocier sur-le-champ, n'est-il pas clair qu'il se procure par cela même le moyen de renouveler à son tour ses matières premières et ses instruments de travail pour se remettre à l'œuvre ? Il y a donc ici double accroissement de capital productif, en d'autres termes puissance acquise des deux côtés, et ce n'est pas le vendeur ou prêteur qui a gagné le moins à cette opération.

Il semble pourtant qu'il y ait quelque chose de paradoxal à prétendre que, par le seul effet du crédit, chacun se trouve ou plus riche ou mieux pourvu qu'auparavant ; car enfin ces valeurs en plus, que nous mettons si libéralement aux mains de tous, d'où sortent-elles ? Est-ce le crédit qui les a produites ? Le crédit, être moral, peut-il rien créer, rien enfanter ? et, s'il n'a rien créé, peut-il faire autre chose que déplacer les capitaux ? En quel sens lui appar-

Section III.

tiendrait-il d'augmenter en quoi que ce fût les ressources particulières ou la fortune publique ? Voilà l'objection dans toute sa force. Par ce qu'on vient de voir, elle est déjà presque résolue.

Non sans doute, vulgairement parlant, le crédit ne produit rien ; mais, sans ajouter par lui-même aucune valeur nouvelle à la masse des valeurs qu'un pays possède, n'augmente-t-il pas tout au moins son capital productif, s'il rend seulement à des emplois féconds toutes celles de ces valeurs qui dorment inactives ? Considérez la situation d'un pays tel, par exemple, que la France. Parcourez les ateliers, les magasins, vous trouverez partout des masses considérables de marchandises invendues. Nul doute qu'en tout temps leur importance ne surpasse de beaucoup celle du numéraire qui peut exister dans le pays. Elles sont à charge à leurs possesseurs, qui s'agitent en tous sens pour les vendre. Toutes ces marchandises pourtant, excepté celles qui sont destinées à la consommation définitive, pourraient être fructueusement employées par d'autres industriels, pour qui elles deviendraient, à leur grande satisfaction et à l'avantage du pays, ou des matières premières ou des instruments de travail. Au lieu de cela, elles chôment en attendant les acheteurs. Sans doute elles s'écouleront un jour, mais lentement, à la longue, et jusque-là quelle perte de temps et de travail ! Supposez que, par l'effet d'une baguette magique, tous ces produits trouvent à l'instant leurs preneurs ; que, d'une part, les magasins encombrés se vident ; que, de l'autre, tous ceux qui sont capables d'utiliser les produits existants soient pourvus ; qu'en un mot, toute la masse des marchandises à vendre passe rapidement, sans lenteurs et sans obstacles, de l'état de produit inerte à celui de capital actif : quelle activité nouvelle dans le pays ! quelle exaltation soudaine de la puissance productive ! et bientôt quel accroissement de la richesse ! La baguette magique, c'est le crédit, et cette transformation rapide est précisément le bienfait qu'il réalise.

Les bienfaits du crédit procèdent, en effet, de ce seul fait, qu'il active le service des capitaux. Il les ramène sans cesse vers des emplois féconds ; il abrège le temps de leur inertie, de leur sommeil, et multiplie en quelque sorte leur puissance reproductive. C'est ce qu'on exprime ordinairement par ce mot énergique, *activité de la circulation*, mot bien connu, quoique rarement compris dans sa portée. Tout cela, réduit à sa plus simple expression, revient donc

Charles Coquelin

à dire, que le crédit amène une circulation plus générale et plus active. Mais que de choses dans ces seuls mots ! Pour l'homme qui sait voir, tout est là : puissance productive, travail, richesse, bien-être de tous et de chacun.

C'est à l'aide de ce mot, *activité de la circulation,* qu'on peut expliquer ce phénomène, autrement inexplicable, 'de négociants et industriels faisant tous, à l'aide du crédit, dix fois plus d'affaires qu'ils n'en feraient privés de ce secours. Ils font dix fois plus d'affaires : est-ce à dire que les valeurs existantes entre leurs mains soient, dans un moment donné, dix fois plus considérables qu'elles' ne le seraient sans le crédit ? Assurément non, car d'où sortiraient, encore une fois, toutes ces valeurs en plus qui seraient le parage de tous ? Cela veut dire que, dans un intervalle de temps donné, le négociant ou producteur a dix fois, au lieu d'une, renouvelé ses matières et ses produits. Cela veut dire qu'au lieu de laisser ses capitaux stérilement enfouis dans une masse incommode de marchandises à vendre, il a profité de leur prompt écoulement pour décupler sa production ; que, grâce aux facilités qu'il accorde et à celles dont il use, ou il a augmenté dix fois le nombre de ses instruments de travail, ou il a fait rendre à chacun d'eux, par un emploi plus actif, des fruits dix fois plus abondants. Voilà tout le mystère : aussi simple dans ses termes que fécond dans ses résultats.

Mais par quelle mystérieuse influence le crédit opère-t-il ces miracles ? Et serait-il impossible d'obtenir les mêmes résultats par d'autres moyens ? Cette influence du crédit s'explique par cela seul qu'il augmente chez tout le monde le pouvoir d'acheter. Au lien de réserver ce pouvoir à ceux qui ont actuellement la faculté de payer, il le donne à tous ceux, et le nombre en est grand, qui offrent dans leur position et leur moralité la garantie d'un paiement futur ; il le donne à quiconque est capable d'utiliser les produits par le travail. Par là ; il augmente le nombre des consommateurs, et particulièrement de cette classe de consommateurs qui n'achètent les produits que pour les employer à la reproduction. De plus, il étend pour chacun d'eux la sphère de cette consommation reproductive. C'est ainsi qu'il facilite l'écoulement des produits et leur conversion en instruments de travail. Si l'on veut comprendre, en outre ; jusqu'à quel point son influence à cet égard est nécessaire, on n'a qu'à envisager sans trouble la situation ordinaire du commerce privé de

Section III.

ce secours.

Il y a un proverbe commercial qui dit : Le difficile n'est pas de produire, c'est de vendre : Sans prendre cette assertion trop à la lettre, il est impossible de n'en pas reconnaître la vérité relative. Assurément, si la difficulté de vendre n'arrêtait pas les producteurs, ils seraient en état de porter la production bien au-delà de ses limites actuelles. Combien avons-nous en France d'industriels qui produisent tout ce qu'ils peuvent ? Pas un sur dix. Pour tous, la grande question ; c'est moins de produire que d'écouler les produits. De là tant de soucis, tant de soins, tant de démarches pour trouver des acheteurs.

Non, dit M. J.-B. Say, que nous trouvons encore ici sur notre route, le difficile n'est pas de vendre, c'est de produire, car les produits s'achètent avec les produits, et, si la difficulté de vendre se fait sentir d'un côté, c'est que la production a manqué de l'autre. Étrange préoccupation d'un esprit juste, mais que ses théories dominent ! Esclave de quelques principes généraux qu'il a posés lui-même, il les suit en aveugle, au risque de se mettre pour eux en guerre ouverte avec les faits. Mais ne nous arrêtons pas à cette objection qui tombera d'elle-même.

Cependant, à côté, de tant d'hommes embarrassés de vendre, d'autres, en plus grand nombre encore, éprouvent, sans pouvoir le satisfaire, le besoin d'acheter. Disons mieux, cet embarras et ce besoin se rencontrent à la fois chez les mêmes hommes. Il ne faut pas croire, en effet, que la difficulté de vendre dérive ici de l'excès des produits sur les besoins. Dans les sociétés humaines, les besoins sont infinis, et, à quelque degré que la production s'élève, elle ne les satisfera jamais tous. Aussi est-il vrai de dire, en thèse générale, qu'il est impossible de trop produire. L'excès de la production, s'il existe, n'est jamais absolu, mais relatif. Il n'y a point d'excès quant aux besoins, mais il y a excès quant à la faculté de payer. Tel que ses propres produits embarrassent, et qui n'aspire qu'à s'en défaire par la vente, regarde avec un œil de convoitise les produits de son voisin, pendant que les siens, qu'il garde, excitent chez d'autres des appétits semblables, et tous sont ainsi tourmentés à la fois de ce double besoin d'acheter et de vendre. Situation bizarre et pourtant réelle, où se révélerait un vide profond de l'organisation industrielle, si, fort heureusement, le remède n'était facile. C'est dans

Charles Coquelin

une situation semblable que la production languit et que la société végète, avec tous les éléments possibles d'activité et de prospérité.

Or, cette situation si fâcheuse, d'où vient-elle ? Elle vient précisément de ce que, par l'absence du crédit, les produits ne s'échangent pas couramment les uns contre les autres, de ce que leur échange est arrêté ou entravé dans son cours.

Il semblerait, en effet, que, pour sortir de cet embarras si préjudiciable à tout le monde, tous ces hommes, à la fois riches et besogneux, trop riches de leurs propres produits et pauvres des produits des autres, n'auraient qu'à s'entendre pour effectuer, au grand avantage de chacun, l'échange des produits qui les embarrassent contre ceux qui leur manquent. Rien n'est plus vrai, et en ce sens M. J.-B. Say a raison. Mais ce large et général échange, comment l'effectuer couramment sans le crédit ? S'il faut y employer le numéraire, ce qui devient alors inévitable, il ne suffit plus d'avoir des produits à offrir pour obtenir à l'instant ceux des autres ; il faut encore apporter sur le marché, outre ces produits, de l'argent, c'est-à-dire une portion de son capital productif. Alors les données changent, et les difficultés commencent.

Dans leurs spéculations purement théoriques, les économistes dont nous parlons supposent toujours que la quantité de numéraire existante dans un pays est constamment en rapport exact avec le nombre des transactions et des échanges à accomplir, et qu'elle suffit à tout ; à tel point que si l'on venait, suivant leurs idées, à remplacer le numéraire par du papier, celui-ci ne pourrait jamais entrer dans la circulation en plus grande quantité que l'autre sans devenir aussitôt surabondant. Et c'est sur de tels fondements que l'on assoit tout un système ! Nous dirons, au contraire, avec la double autorité des faits et des principes, que jamais le numéraire ne suffit à toutes les transactions utiles. Et, pour peu que l'on considéra les conditions de son emploi, on le concevra sans peine. Comme le numéraire ne s'obtient que par le sacrifice d'une portion du capital productif, chacun est forcé, dans l'intérêt même de sa production, de n'en employer qu'une faible quantité. Et pourtant, quelle masse de capital ne faudrait-il pas pour effectuer tous les échanges possibles dans un pays doué d'une certaine activité ? Si l'on s'avisait de donner à cet usage tout ce qu'il réclame, le capital y passerait tout entier, et l'on détruirait, avec la production, le prin-

Section III.

cipe même des échanges. Aussi l'on s'en garde bien ; on se borne, au contraire, à satisfaire en cela les plus pressants besoins d'où il arrive nécessairement que dans un pays où l'on ne traite qu'argent comptant, il ne se consomme jamais qu'une partie, même assez faible, des transactions et des échanges possibles ; le reste est abandonné, faute de moyens pour l'accomplir.

Voilà ce qui explique cette situation étrange qu'on vient de voir. De là viennent ces difficultés égales de l'achat et de la vente ; de là enfin cette langueur générale des transactions, quand tout le monde a tant d'intérêt à les activer.

Ce que le numéraire ne fait qu'à grands frais, et toujours à demi, le crédit l'accomplit sans effort comme sans réserve. Il rend possible ce large et général échange, dont nous parlions plus haut. C'est lorsque le crédit règne dans un pays qu'il est vrai de dire, sans restriction, que les produits s'échangent coutre les produits. Alors, point de sacrifice de capital à faire. Il suffit à chacun d'avoir des produits à offrir sur le marché pour avoir la faculté d'obtenir ceux qui lui manquent, et n'eût-il pas à l'instant même l'occasion de vendre les siens, il trouverait encore à se procurer ceux des autres en attendant. Qu'a-t-il à faire pour cela ? Rien que souscrire un billet qu'il acquittera plus tard, quand la vente de ses propres produits l'aura remis en possession de leur valeur. L'achat et la vente deviennent donc également faciles. Les échanges se multiplient, la production se donne carrière, et les produits circulant toujours avec rapidité, leur puissance reproductive s'accroît par cette circulation même.

Si l'on veut se représenter, par un exemple frappant, toute la différence qu'il y a entre un état de choses où le crédit règne, et un autre d'où ce crédit est absent, on n'a qu'à se transporter par la pensée à un de ces moments, comme tout le monde en a pu voir, où tout à coup la confiance se retire, où le commerce s'embarrasse, et qu'on appelle des crises commerciales. Ces crises sont souvent produites, chacun le sait, par des évènements subits, inattendus, n'ayant d'ailleurs aucun rapport direct avec le commerce. Qu'arrive-t-il cependant ? Du jour au lendemain, les transactions sont suspendues, la circulation des produits est arrêtée ; plus de vente ; les magasins s'encombrent, et bientôt la production elle-même se ralentit. D'où vient alors une décomposition si étrange et

Charles Coquelin

si prompte ? Pourquoi, par exemple, cet extraordinaire et si rapide décroissement de la vente, quand il semble qu'en si peu de temps les besoins n'aient pas changé ? M. J.-B. Say dirait peut-être à cela, suivant le principe qu'on vient de voir : Si la vente est arrêtée d'un côté, c'est que la production a manqué de l'autre. Mais la veille encore la production était dans toute sa force, elle n'avait manqué nulle part, et aujourd'hui la vente est arrêtée partout. Il est évident que tout ce désordre n'a pas alors d'autre cause que l'affaiblissement de la confiance et la disparition du crédit. Par le vide que le crédit laisse en se retirant, qu'on juge de la place qu'il occupait. Au reste, le même désordre, le même vide, que sa disparition produit alors accidentellement, son absence le produit ailleurs d'une manière permanente, et exactement dans le même sens, avec cette seule différence que, dans le premier cas, l'effet étant accidentel et subit, se fait mieux sentir parle contraste.

Ainsi, pour revenir à notre point de départ, l'effet actuel de l'introduction du crédit dans les relations commerciales est d'augmenter, sinon la somme des valeurs qu'un pays possède, au moins celle des valeurs actives. Voilà l'effet immédiat. Il est déjà grand, on l'a vu ; mais l'effet prochain ou subséquent sera plus grand encore, car, de cela même que tant de valeurs oisives ont été rendues au travail, que, la puissance productive : s'est accrue, ainsi que la facilité de vendre ses produits, chaque industriel aura donné à sa production un plus large essor. On aura vu en même temps de nouveaux producteurs s'établir en plus grand nombre à côté des anciens, encouragés tout à la fois par la facilité de se procurer des instruments, et par le surcroît général de la demande. Il se trouvera donc le lendemain, dans les magasins, dans les ateliers, plus de produits qu'il n'en existait la veille. Et la même cause agissant toujours, ces produits s'écouleront encore avec une rapidité croissante, pour aller concourir à en former d'autres à leur tour. L'effet se multipliera de proche en proche, et s'accroîtra pour ainsi dire suivant une progression géométrique. À ce compte, on ne sait vraiment pas où s'arrête rait le progrès incessant de la richesse d'un peuple favorisé par le crédit, si des causes d'un autre ordre ne troublaient quelquefois cette marche ascendante si le crédit lui-même n'était pas sujet à des retours soudains, à des crises funestes, qui viennent de temps à autre détruire une partie de ses bienfaits.

Section III.

Ce n'est pas tout. Par cela même que le crédit met en valeur les capitaux dormants, il donne de l'emploi aux hommes ; il utilise à la fois les bras et les intelligences. C'est peut-être là, du reste, le plus grand comme le plus précieux de ses bienfaits. Combien d'hommes, dans un pays tel que la France, qui languissent inoccupés ! Combien d'autres dont les bras s'emploient, faute de mieux, à des travaux misérables, aussi misérablement rémunérés ! sans parler de ceux qui, doués d'une intelligence propre à diriger le travail des bras, ou à le féconder par des inventions utiles, ne trouvent, intelligences déclinés, qu'à employer leur force brutale et physique. Ils consomment peu ces hommes ; mais, hélas ! ils produisent moins encore, à charge à la société comme à eux-mêmes. Quand on y regarde bien, quelle immense déperdition de forces vives ! Quel effrayant désordre ! quel lamentable gaspillage de toutes les ressources d'une nation ! Vienne le crédit, et ce désordre cesse. Capitaux, bras, intelligences, tout s'utilise, tout s'emploie, et chaque chose et chaque homme reçoit à l'instant l'emploi le plus utile et le mieux approprié à sa nature.

Il resterait beaucoup à dire sur un sujet si vaste, mais nous n'avons pas dessein de l'épuiser, et nous en avons dit assez pour faire sentir l'immense utilité du crédit dans l'ordre industriel. Tâchons d'expliquer maintenant à quel titre et dans quel but les banques apparaissent dans ce système.

### Section IV.

Si l'on a bien compris, dans ce qui précède, tout ce qui découle du seul usage du crédit commercial, on a dû pressentir que, là où il existe, il est aussi superflu que dangereux de recourir à ces mesures extra-commerciales dont on s'est tant de fois avisé pour augmenter, disait-on, la masse des richesses circulantes. Aussi doit-on penser que ce n'est pas une création de richesses fictives que nous allons demander aux banques. Il va sans dire que nous ne pouvons les considérer que comme les propagateurs du crédit commercial, qui, pour, se développer largement, a besoin de leur appui.

Il semble, au premier abord, que dans l'exercice du crédit le commerce puisse se suffire à lui-même, et n'ait aucun besoin d'un appui

Charles Coquelin

étranger. On vient de voir, en effet, que c'est dans son propre sein que presque tous les actes de crédit se consomment. Sauf les prêts des capitalistes, ressource faible et bientôt épuisée, tout ce qui vient à lui part de lui. Il est lui-même la source des crédits dont il use, source inépuisable, parce qu'elle se renouvelle sans cesse dans la production. Pourquoi donc une assistance étrangère ? À ne considérer que les données premières, on n'en voit pas la nécessité, et il est vrai de dire qu'en principe cette assistance étrangère est inutile.

Mais nous savons déjà que ce système suppose nécessairement la faculté pour chacun de négocier les billets qu'il a reçus en paiement de ses marchandises. Autrement, le mouvement de la production et des échanges se trouverait comme arrêté dès son début, puisque d'une part l'avance faite par un producteur ne lui donnerait aucun moyen d'en obtenir ailleurs l'équivalent sous une autre forme, et que de l'autre il se verrait lui-même hors d'état de la renouveler le lendemain. Toutes les avances pratiquées dans le commerce rentreraient alors dans le cas du simple prêt fait par un capitaliste, lequel n'opère, ainsi qu'on l'a vu, qu'un simple déplacement de capital productif. La faculté de négocier les billets reçus en paiement des marchandises est donc la condition nécessaire de l'exercice du crédit, le complément indispensable de l'acte qui le constitue. Or c'est là que les difficultés commencent. Livré à lui-même, le commerce ne trouverait pas le placement de ses billets, du moins la circulation en serait-elle lente, difficile, étroite ; par conséquent l'usage en serait singulièrement borné, et le crédit lui-même souffrirait nécessairement de cette contrainte. Voilà précisément ce qui rend nécessaire l'intervention des banques.

Ce n'est pas qu'à la rigueur on ne puisse admettre un état de choses où les commerçants pourvoiraient eux-mêmes au placement de leurs billets. Pour cela, que faut-il ? Une seule chose : que les billets de l'un soient aisément acceptés par l'autre, et qu'ils circulent de main en main. Ainsi, le négociant qui aura reçu un billet pour des marchandises par lui livrées à crédit s'en servira pour acheter ou les matières premières ou les instruments nécessaires à son travail, sans préjudice de ceux qu'il pourra créer dans le même but. Il le passera donc à l'ordre de son vendeur, ce dernier le passera à son tour à l'ordre d'un autre producteur dont il aura des marchandises à recevoir ; ainsi de suite jusqu'à l'échéance. Si

Section IV.

une pareille circulation pouvait s'établir d'elle-même et se maintenir toujours suffisamment active et générale, on n'aurait besoin ni des banquiers particuliers ni des banques publiques, et le crédit porterait, sans l'intervention de personne, tous ses fruits. On peut même concevoir comment l'emploi du numéraire deviendrait alors presque inutile dans les transactions commerciales, son office étant suppléé par le papier des commerçants, comme il l'est quelquefois par les billets de banque. Puisque chaque négociant aurait à la fois donné et reçu des billets, on pourrait, aux jours des échéances, faire la compensation des uns et des autres, et par cette seule compensation éteindre, sans l'emploi du numéraire, tous les engagements réciproques. Mais ceci suppose, ce qui n'est pas, que tous les commerçants se connaissent entre eux ; qu'acheteurs et vendeurs, écartés et dispersés comme ils le sont, peuvent toujours au besoin se rapprocher et s'entendre, qu'ils ont tous les uns dans les autres une confiance égale. Cela suppose même que l'importance des billets dont un commerçant est porteur cadre toujours avec celle des achats qu'il veut faire on des paiements qu'il doit effectuer ; que les billets donnés ou reçus tombent constamment en des mains connues, où l'on puisse aisément les suivre et les reprendre ; que les échéances mêmes se rapportent. Il s'en faut bien que les choses soient ainsi dans la réalité, et c'est parce que cette circulation libre, et pour ainsi dire spontanée, rencontre, dans le monde commercial des obstacles matériels ou moraux de tous les genres, que le commerce a besoin d'une assistance étrangère pour la favoriser ou pour la remplacer.

Il y a deux manières de s'entremettre dans la circulation du papier commercial. La première consiste à opérer purement et simplement la négociation des billets pour le compte de ceux à qui ils appartiennent, sans s'y intéresser soi-même, et en se bornant à chercher des tiers qui aient besoin de ces billets ou qui veuillent bien s'en charger. C'est celle des courtiers ou agents de change, toujours étrangers aux billets qu'ils négocient. La seconde consiste à reprendre les billets de ceux qui les ont, en leur en payant la valeur, sauf à les remettre ensuite dans la circulation pour son propre compte. Cette seconde manière est celle des banquiers, dont l'usage est d'escompter, c'est-à-dire d'acheter les billets qu'on leur présente et de faire ensuite leur affaire propre de leur placement, après les

Charles Coquelin

avoir revêtus de leur signature. De ces deux manières, la seconde est incontestablement supérieure, à l'autre, à tel point qu'elle tend visiblement à la remplacer partout.[1] C'est la seule dont nous ayons à nous occuper ici.

La fonction du banquier consiste donc à recevoir les effets du commerce, en fournissant immédiatement leur valeur, sous la déduction des intérêts à courir jusqu'au jour de l'échéance. C'est ce qu'on appelle escompter.

À voir la manière dont les banquiers opèrent, soldant avec facilité et presque sans remise une masse considérable de billets qui leur arrivent de toutes parts, bien des gens s'imaginent voir en eux de puissants capitalistes, dont les caisses regorgent d'or, et qui n'ont autre chose à faire que d'y puiser à pleines mains. C'est une erreur. S'il y a des banquiers fort riches, il n'est pas absolument nécessaire qu'ils le soient, et, riches ou non, ce n'est guère avec leurs propres capitaux qu'ils travaillent. Réduits à leurs ressources personnelles, ils ne tarderaient pas, quelles qu'elles fussent, à se voir à bout de leurs avances, et le cercle de leurs opérations serait toujours infiniment borné. Que font-ils donc, et par quels moyens parviennent-ils à effectuer les innombrables escomptes dont ils se chargent ?

Au fond, les banquiers ne sont là que des intermédiaires, à peu près comme les courtiers et les agents de change, avec la seule différence, différence assez importante d'ailleurs, qu'ils se rendent eux-mêmes parties intéressées dans les négociations qu'ils entreprennent. Ils sont d'abord intermédiaires entre les industriels et les capitalistes. C'est chez eux que ces derniers déposent de préférence les capitaux qu'ils veulent faire valoir, ou qui sont momentanément disponibles entre leurs mains. Par cela même que les banquiers sont en rapport avec un grand nombre d'industriels dont ils reçoivent les billets, ils offrent aux capitalistes un placement toujours prompt, toujours facile, placement d'autant plus sûr qu'il est garanti par eux. C'est ainsi qu'ils voient affluer dans

---

1 Dans un grand nombre de nos villes de province, les courtiers agents de change sont escompteurs, c'est-à-dire banquiers, en dépit de la loi qui leur interdit toute opération pour leur propre compte. C'est qu'en effet la loi est, à cet égard, arriérée d'un siècle. À Paris, il n'y a plus, à proprement parler, d'agents de change, les hommes qui portent ce nom ayant depuis longtemps renoncé aux fonctions spéciales que la loi de leur institution leur attribue, pour s'occuper exclusivement de la négociation des effets publics.

Section IV.

leurs caisses une masse assez considérable de capitaux, dont l'emploi, grâce à leurs soins, n'éprouve aucune interruption. Première ressource, qui n'est pas sans importance pour leurs escomptes. Ils sont de plus intermédiaires entre les commerçants eux-mêmes. Les billets qu'ils ont reçus et escomptés, ils les remettent souvent dans la circulation, après les avoir revêtus de leur propre signature. Dans bien des cas, en effet, pour le commerçant lui-même, des billets valent mieux que de l'argent, comme, par exemple, lorsqu'il a des paiements à faire dans des places éloignées et que l'envoi de simples billets payables dans ces places peut lui épargner le transport du numéraire. Les banquiers rapprochent ainsi par des voies indirectes ceux des commerçants qui offrent des billets et ceux qui les demandent, et tout en rendant service à ces derniers, ils écoulent un grand nombre des billets qu'ils ont reçus et renouvellent leurs fonds. Autre ressource, plus précieuse encore que la première, ruais puisée aussi dans ces fonctions d'intermédiaires, dont ils ne sortent pas.

Quoique nous n'ayons attribué au banquier que le rôle d'intermédiaire, il n'a pas échappé qu'il se mêle à son fait quelque chose de la fonction élevée de l'assureur. Il est assureur, en effet, en tant qu'il garantit par des engagements personnels l'emploi des capitaux qu'on lui confie ; il l'est encore en ce qu'il revêt de sa propre signature, avant de les rendre à la circulation, les billets qu'il a reçus. Autant comme assureur que comme intermédiaire, il facilite l'usage du crédit et en favorise l'essor.

Grace à cette utile intervention, les commerçants sont, à bien des égards, dispensés du soin de s'occuper eux-mêmes du placement de leurs billets ; ils sont également débarrassés du souci que, ce placement pourrait d'avance leur causer. Pourvu qu'ils ne dépassent point une certaine limite convenue, ils n'ont d'autre soin à prendre, lorsqu'ils reçoivent des billets, que de les remettre à leur banquier, qui leur en verse le montant à leur demande, en se chargeant du reste. Facilité précieuse, qui leur épargne des embarras et des lenteurs fâcheuses dans la réalisation de leurs billets, qui active la marche de leurs affaires, et qui les encourage en même temps à ouvrir à leurs propres clients des crédits plus larges.

Jusqu'ici, que voyons-nous ? Rien que de simple et de normal, rien qui s'écarte en quoi que ce soit de la ligne ordinaire des opérations commerciales. Des prêts, des avances de marchandises, faits quelquefois de capitaliste à industriel, et plus souvent d'industriel à industriel, de commerçant à commerçant, et, au milieu de tout cela, des banquiers qui s'entremettent, non pour changer la nature de ces transactions, mais pour y faire l'office d'intermédiaires ou d'assureurs : voilà tout. Il s'agit de voir maintenant si les compagnies de banque, qu'on appelle banques publiques, font elles-mêmes autre chose.

Si l'intervention des banquiers particuliers facilite les opérations du crédit, leur puissance à cet égard est encore singulièrement restreinte. Les facilités qu'ils trouvent pour le placement des effets de commerce ne sont pas telles qu'elles ne laissent rien à désirer. Les billets qu'ils offrent ne conviennent pas toujours à ceux qui les demandent, et peuvent d'ailleurs excéder les besoins, n'étant jamais, tels qu'ils sont, convenables que dans certaines situations données et pour des besoins spéciaux. Il y a, en effet, dans la forme et dans la teneur des effets de commerce deux circonstances essentielles qui les empêcheront toujours de devenir d'un usage général et régulier : la première, c'est la détermination d'une échéance fixe, qui fait que le porteur, s'il a besoin de réaliser avant le terme, est obligé de négocier ces billets, souvent avec peine et toujours avec quelques sacrifices ; la seconde, c'est la nécessité de les endosser à chaque transfert, car, outre l'inconvénient matériel qui peut résulter de la surcharge des endossements, n'est-ce pas, pour chacun des endosseurs, une chose grave que la responsabilité qu'il accepte, surtout quand il ne connaît pas les souscripteurs ? Si petit que soit le risque, il y regardera à deux fois avant de l'accepter, et s'il l'accepte, ce ne sera qu'avec un dédommagement bien légitime. Mais dédommagez donc tous les endosseurs d'un billet qui aura circulé partout, et vous verrez jusqu'où l'intérêt s'élèvera au jour de l'échéance. C'est par toutes ces raisons et quelques autres, que nous sommes forcés d'omettre, que les effets du commerce seront toujours, quoi qu'on fasse, d'un usage coûteux et pénible, et par conséquent d'un placement difficile et borné. Dès-lors plus de sûreté absolue, pour le négociant, de rentrer dans les avances qu'il aura faites. On reconnaît là tout d'abord un terme fatal et même assez prochain, où le crédit commercial s'arrête, non par une raison prise dans la nature des choses, mais par une sorte d'obstacle matériel qui en restreint le cours. Les banquiers particuliers ont reculé cet obstacle, mais ils ne l'ont pas détruit. C'est ici qu'on va reconnaître l'utilité des grandes compagnies de banque.

De prime abord on sent qu'une compagnie, sous quelque rapport qu'on l'envisage, soit comme intermédiaire, soit comme assureur, aurait toujours, quand elle se renfermerait dans le même cercle d'opérations, plus de puissance qu'un banquier particulier, en ce que d'une part ses relations sont plus étendues, et de l'autre sa garantie est plus solide. En cela donc la seule substitution des compagnies aux maisons particulières est un progrès : elle recule d'autant la limite où le crédit commercial s'arrête. Cependant tant qu'elle n'adopte pas d'autres procédés, cette limite subsiste toujours. L'embarras du placement des billets, cet embarras qui borne les escomptes des banquiers particuliers, existe aussi pour elle. Toutes ces difficultés de faire concorder les échéances des billets, tant pour les lieux que pour les temps, avec les demandes qui lui sont adressées, elle les retrouve, avec les circonstances accessoires qui les compliquent. Aussi les compagnies de banque, instituées pour l'escompte, ont-elles toujours cherché des moyens de lever ces obstacles, de manière à rendre la circulation des billets plus générale et plus courante.

Pour arriver à ce but, la première idée qui se présente, c'est de dégager les billets de la surcharge des endossements, et de débarrasser ceux qui les prennent du soin de les signer à chaque transfert. C'est ce que font toutes les compagnies, même celles qui, en France, sont privées du droit de créer des billets de banque proprement dits. Au lieu de se borner, comme les banquiers particuliers, à apposer leur signature à titre de garantie sur les billets qu'elles reçoivent, pour les rendre ensuite à la circulation, elles les retirent à elles, les gardent dans leurs portefeuilles, et remettent à leur place, dans la circulation, d'autres billets créés par elles-mêmes, avec leur signature unique. Se fondant sur cette idée fort juste, que la signature d'une compagnie puissante, bien famée et connue partout, vaut mieux à elle seule que celle d'une multitude d'endosseurs particuliers, dont la plupart sont inconnus des derniers preneurs, elles se rendent seules obligées, seules garantes vis-à-vis de ces derniers, et, afin de les débarrasser eux-mêmes de l'obligation d'endosser ces billets plus tard quand ils voudront les transporter à d'autres, elles

les déclarent payables au porteur.

Nous voici déjà dans un nouvel ordre de faits. Rien de changé pourtant quant au fond et à la nature des choses. Le mode de procéder diffère ; l'intention et le but restent les mêmes.

Cette substitution des billets des banques à ceux des particuliers, jointe à cette circonstance que les billets sont rendus payables au porteur, marque, dans le système du crédit, une ère nouvelle. La circulation des billets en est singulièrement favorisée, par cette double considération qu'il n'y a plus de formalités à remplir pour les transmettre, et que les porteurs subséquents, n'ayant aucune responsabilité à prendre, aucun danger à courir, les acceptent avec moins de peine, et n'ont d'ailleurs aucun dédommagement à demander en raison de leurs risques.

Reste la difficulté qui résulte de la détermination d'une, échéance fixe.

C'est avoir fait un grand pas vers la solution de cette difficulté que d'avoir substitué les billets des banques à ceux des particuliers, car cette substitution autorise toutes les transformations qu'on veut faire subir aux titres de crédit ; elle permet de leur donner la forme et la teneur la plus convenable pour la circulation, la plus favorable à la fois aux intérêts des banques et à ceux du public. Cette forme, on l'a déjà compris, est celle des billets payables au porteur et à vue, auxquels on a particulièrement réservé le nom de *billets de banque*.

L'invention des billets de banque est, selon toute apparence, due au hasard. On vient de voir pourtant comment on pouvait y être conduit par le raisonnement et par des modifications successives : des billets ordinaires. Mais peut-être le raisonnement aurait-il laissé quelques doutes sur la réussite d'un procédé en apparence si hasardeux. Il était difficile de concevoir *à priori* toute la portée de ces modifications si simples. Pour les croire même possibles dans l'application, il fallait prévoir, ce que l'expérience seule a pu mettre en évidence, que de tels billets circuleraient un certain temps dans le public avant de se présenter au remboursement, et que les présentations pourraient même, à bien des égards, lorsque les émissions seraient faites sur une grande échelle, être calculées d'une manière rigoureuse et presque mathématique.

Quoi qu'il en soit, le seul exposé que nous venons de faire suffit

Section IV.

pour montrer la place que le billet de banque occupe dans le système commercial.

Par sa nature, il ne diffère pas essentiellement du billet ordinaire. Il est comme lui une obligation commerciale contractée dans le même esprit, dans le même but. La forme seule en est différente. Du reste, la condition du paiement, qui est la base essentielle du billet ordinaire, s'y trouve, aussi précise, aussi formelle.

Il n'est pas destiné, comme on l'a dit, à remplacer l'argent, mais à remplacer dans la circulation les billets ordinaires, dont la forme et les conditions entravent le cours. Et, en effet, dans la pratique, c'est en échange des effets de commerce qu'il est délivré. Le fait même de cet échange en dit assez : il prouve jusqu'à l'évidence que le billet de banque remplace, non l'argent, mais le papier commercial. Il le remplace, du reste, avec toutes sortes d'avantages, et c'est uniquement par la supériorité de son emploi qu'il se distingue éminemment des autres titres de crédit.

Si l'on veut maintenant rappeler une à une les principales circonstances de cet emploi, on sera frappé des avantages qui en découlent.

Émis par une compagnie puissante, dont le nom, la fortune et le crédit sont connus partout, le billet de banque inspire à tout le monde une confiance égale. Il n'est pas, comme les billets ordinaires, renfermé dans un certain cercle plus ou moins étroit, mais susceptible au contraire de circuler partout. De même que la compagnie dont il émane acquiert par son importance le caractère d'une institution publique, il devient, lui, une sorte de titre public, doué de la faculté de se généraliser dans un pays.

Payable au porteur, il devient à ce titre une sorte de papier vulgaire à l'usage de tous. Comme il n'y a pas de formalités à remplir, pas d'écritures à faire pour le faire passer d'une main dans une autre, il rivalise, pour la facilité, et la rapidité de la transmission, avec la monnaie courante. Il est même, dans bien des cas, d'une transmission plus commode et plus facile en raison de sa légèreté. C'est à cette même circonstance qu'il doit d'avoir toujours pour tout le monde, et dans quelque main qu'il soit, la même valeur ; car, à la différence des billets ordinaires, où le preneur ne considère souvent que la signature de son cédant immédiat, qu'il connaît mieux que les autres souscripteurs, et n'accepte le titre que par égard pour lui, on ne considère dans le billet de banque que la signature de la compagnie qui l'a créé, et on l'accepte indifféremment et aux mêmes conditions, de quelque main qu'il vienne. Nouvelle raison pour que son usage se généralise, et que sa transmission n'éprouve jamais ni difficultés, ni retards.

Ce billet, ayant sur les autres l'immense avantage d'être payable à volonté, égale par là en valeur un billet ordinaire qui serait arrivé à son jour d'échéance ; il vaut comme lui de l'argent comptant. Cette valeur, que le billet ordinaire possède une seule fois, toi seul jour, au terme de sa circulation, il la possède, lui, dès son principe et dans tous les temps. Propriété remarquable et bien précieuse, mais sur la nature de laquelle il ne faut pas se méprendre, en s'autorisant de là pour attribuer au billet de banque le caractère de la monnaie. En bonne raison, on ne doit y voir que le caractère du billet échu, rendu permanent et en quelque sorte fixé dans le titre. Mais de cela même que ce caractère est permanent, le billet de banque peut toujours, quoique échu, ou rester entre les mains du porteur, ou circuler de nouveau pour effectuer des paiements ou des transports d'argent. C'est ainsi qu'à la valeur d'un billet échu il joint fous les avantages d'un billet en cours d'émission. Admirable réunion des propriétés en apparence les plus contraires ! Point d'embarras d'ailleurs, point de difficultés ni de contestations sur la valeur réelle qu'il représente, sur ce qu'il peut acquérir ou perdre, sur le change à subir d'une place à l'autre, puisque la valeur qu'il porte, étant réalisable partout et tous les jours, demeure par cela même constante, invariable.

C'est par toutes ces propriétés si remarquables, que le billet de banque se distingue éminemment des effets du commerce, et c'est là ce qui fait sa supériorité dans le système de la circulation, en le rendant acceptable pour tout le monde et dans les situations les plus diverses.

Il semblerait pourtant que la condition d'une échéance à volonté dût borner son cours, en le ramenant sans cesse vers ses auteurs. Il n'en est rien. Par la réunion de toutes les propriétés qui le distinguent, et dont celle-ci même forme le complément, il devient si propre à la circulation, il remplit si bien les vues, il satisfait si pleinement les besoins de ceux qui le reçoivent, que le besoin de le présenter dans les bureaux d'émission ne se fait point sentir. Au

Section IV.

lieu donc de n'entrer dans la circulation qu'accidentellement, pour un besoin spécial, et d'en sortir après l'avoir rempli, il y reste souvent jusqu'à ce que sa vétusté l'en chasse. Il est, en effet, d'une expérience invariable que la grande masse des billets émis avec ces conditions séjourne longtemps dans le public avant de se présenter au remboursement.

De là une nouvelle propriété du billet de banque, propriété plus remarquable encore que toutes les autres, qui en découle naturellement, mais qui les achève et les couronne : c'est celle de ne représenter, pour la banque, qui le délivre, qu'un billet à échéance lointaine. Si l'on suppose qu'en moyenne les billets restent pendant trois mois dans la circulation, bien que, durant cet intervalle, ils aient pour les porteurs et le public toute la valeur de billets échus et qu'ils s'échangent à ce titre, ils ne représentent cependant, pour la banque qui les émet, que des billets payables à trois mois. Ainsi, par une heureuse combinaison de circonstances, en donnant aux porteurs une satisfaction toujours présente, ils réservent cependant aux banques tous les bénéfices de l'atermoiement. Ils satisfont les besoins de ceux-là, sans altérer les ressources de celles-ci. Il n'en faut pas moins, il est vrai, pour rendre possible une large émission de ces billets, puisqu'autrement nulle compagnie au monde ne pourrait en soutenir le poids. Mais cette circonstance, considérée en elle-même, n'en contribue pas moins pour sa part à favoriser l'essor du crédit, en supprimant, ou peu s'en faut, les frais que son exercice entraîne.

Inutile de nous étendre maintenant sur les fonctions que les billets de banque remplissent dans le système du crédit ; elles ressortent suffisamment de tout ce qui précède. Donnés en échange des effets du commerce, ces billets les remplacent dans la circulation, tandis que ceux-ci, beaucoup moins propres à cet usage, vont dormir dans le portefeuille de la banque jusqu'à leur échéance. Grace à cette substitution, la circulation des billets ne rencontre plus d'obstacle ; elle se communique de proche en proche, et avec elle l'usage du crédit se propage et se répand. On voit aussi s'opérer avec une facilité merveilleuse ces compensations de créances dont nous parlions plus haut, car les billets de banque qu'un négociant a reçus en échange des effets de commerce souscrits à son ordre, il peut toujours les donner en paiement de ceux qu'il a souscrits

Charles Coquelin

lui-même lorsqu'ils se présentent à l'échéance, et de cette façon un grand nombre de dettes s'éteignent sans l'emploi du numéraire. C'est en ce sens que l'usage des billets de banque dispense souvent de l'emploi de la monnaie, sans toutefois l'exclure jamais entièrement.

Quant aux banques, on comprend maintenant que tout leur emploi se borne à favoriser le crédit commercial, et l'on voit en même temps par quels moyens bien simples elles y parviennent, Comme les banquiers particuliers, elles ne sont évidemment que des intermédiaires, mais des intermédiaires mieux servis et plus heureux. Cette faculté d'émission de billets, si prestigieuse en apparence, à laquelle on attribuait des effets si surprenants, qui a excité tant de bravos d'une part, tant de clameurs, de l'autre, se réduit elle-même à sa juste valeur. Elle n'apparaît plus que comme un procédé commercial très ingénieux, mais très simple. On voit aussi que, malgré sa haute importance, elle ne constitue pas une fonction indépendante, mais qu'elle est, au contraire, subordonnée à l'escompte, dont elle est l'auxiliaire obligé ou l'indispensable complément.

Dès l'instant que cet admirable système est en vigueur, pourvu qu'il soit solidement constitué et largement assis, il n'y a plus d'autre limite au crédit commercial que celle de la production elle-même.

Et d'abord, en ce qui concerne les banques, il est clair que rien ne les arrête dans l'admission des billets des négociants. Leurs propres billets restant, par hypothèse, autant de temps dans la circulation que ceux des négociants séjournent dans leur portefeuille, il n'y a aucun inconvénient pour elles à recevoir tous ceux qu'on leur présente, en quelque nombre qu'ils soient, pourvu qu'elles augmentent dans la même proportion leurs émissions.

Par la même raison ; les négociants et les industriels n'ont plus de limite à s'imposer dans leurs avances réciproques. Toutes, ces avances se réglant en billets payables à terme ; dès l'instant qu'un négociant trouve dans les banques un placement toujours assuré pour ces, billets, un débouché toujours ouvert ; dès l'instant qu'il est sûr de les convertir en d'autres billets d'une échéance actuelle, et qui vaudront pour lui, autant et plus que de l'argent comptant, rien ne l'oblige à s'arrêter dans cette voie, et il peut sans crainte

Section IV.

multiplier ses avances à l'infini.

Tout cela ne veut pas dire que ni les négociants ni les banques puissent, dans ce cas, se donner les uns aux autres, pour ainsi dire, carte blanche, et ne connaître plus ni règles ni lois. Ils doivent, au contraire, s'en imposer de très sévères. Mais ces règles, ces lois, n'ont plus rien d'arbitraire et de gênant. Elles ne sont pas telles que d'absurdes préjugés les représentent : elles sont déterminées par la nature des choses, par la situation générale du commerce et la situation propre de chacun, et, pour tout dire, par les ressources mêmes de la production : En tout temps, un négociant : se doit à lui-même de ne pas abuser de son crédit, de n'en pas forcer tous les ressorts : il n'ira donc jamais en cela jusqu'aux limites du possible. Même réserve est imposée, et à bien plus forte raison, aux compagnies de banques, qui règlent et gouvernent le crédit. En outre, les uns et les autres doivent considérer toujours avec quelles gens ils traitent, et ne pas livrer leur crédit à tout venant. Quoique sûr de réaliser par l'escompte les billets qu'il recevra en, paiement de ses marchandises, un marchand doit s'enquérir de la moralité et de la capacité de ceux à qui il les livre, afin de s'assurer si les billets seront acquittés à l'échéance. Hors cette restriction trop légitime, et la réserve que chacun doit s'imposer dans le présent pour ménager son avenir, il n'y a, quoi qu'on en ait dit, aucun terme à fixer à l'extension du crédit, et les restrictions autres que celles-là, qu'on a souvent prétendu lui prescrire, n'ont jamais été dictées que par les préjugés.

Que l'on se figure maintenant jusqu'où peut aller un crédit qui n'a de limites réelles que dans la production ! Qu'on se fasse une idée, s'il est possible, de l'immense mouvement d'affaires qui peut surgir de là !

Nous n'essaierons pas de tracer ici le tableau des avantages particuliers ou généraux qui peuvent découler d'un tel état de choses. Ce tableau nous mènerait trop loin, et il est d'ailleurs inutile. Qui dit abondance des capitaux ; activité de la production, dit tout ; de là dérive la richesse publique comme le bien-être des individus. Qu'on nous permette seulement quelques réflexions

On se préoccupe vivement, et avec raison, depuis quelques années, des moyens d'améliorer la condition des classes ouvrières.

Charles Coquelin

Beaucoup d'esprits éclairés se sont exercés sur cette question si grave, les uns par un zèle pieux pour le bien de l'humanité, les autres par la terreur que leur inspire cette masse d'hommes, toujours dominée et souvent égarée par le besoin. Rien de plus légitime que ces préoccupations, rien de plus louable que ces travaux et ces études, quel qu'en soit le mobile ; mais en général, il faut le dire, on a procédé dans ces recherches à la manière des empiriques, qui vont droit au siège du mal, aux symptômes apparents, sans en approfondir la cause. C'est par des mesures directement applicables aux ouvriers qu'on a prétendu les relever de leur abaissement, comme s'il n'y avait pas entre toutes les classes de travailleurs, à quelque degré qu'elles soient placées dans l'échelle sociale, une solidarité étroite ; comme si les salaires des ouvriers se réglaient par d'autres lois que les lois générales de l'industrie et du commerce. Toutes ces études, tous ces travaux ont été et devaient être sans résultat. Le travail, et celui des ouvriers comme celui des maîtres, est une valeur commerciale sujette aux mêmes conditions que toutes les autres ; elle s'élève ou s'abaisse selon le rapport de l'offre et de la demande. Si elle est plus demandée qu'offerte, c'est-à-dire. S'il y a relativement plus de travaux à exécuter qu'il n'y a de travailleurs, cette valeur s'élève ; dans le cas contraire, elle s'avilit. Il n'y a pas de règle plus infaillible. Partant de là, il faut reconnaître que l'unique manière d'élever les salaires et d'améliorer la condition des travailleurs, c'est d'améliorer la situation générale de l'industrie en activant la production. Toute mesuré favorable à l'industrie en général est aussi favorable à la classe ouvrière en particulier, et de plus, si l'on excepte quelques mesures de prévoyance et d'ordre qui sortent de la ligne industrielle, il n'y a que celles-là qui aient une influence réelle et efficace. Mais entre toutes les mesures propres à atteindre ce but élevé et si digne, l'amélioration du sort des travailleurs, il n'y en a pas de plus puissantes, de plus énergiques, que celles qui tendent à développer toutes les ressources du crédit.

Dans l'état présent de l'industrie, toute la force, toute l'intelligence, toute l'industrie d'un homme, quelque active, quelque puissante qu'on la suppose, ne produit rien sans capital, c'est-à-dire sans les instruments qui secondent cette industrie et les matières auxquelles elle s'applique. Les capitaux sont donc l'accompagnement obligé, l'auxiliaire indispensable des travaux des hommes.

Section IV.

Sans capitaux, point de produits, point de travail. Aussi, là où les capitaux sont rares, le travail trouve peu d'occasions de s'exercer ; dès-lors la demande en est faible : l'offre en est au contraire active, ardente, parce que l'homme a toujours besoin de vivre, et, par une conséquence naturelle de cette situation, ce travail offert de toutes parts s'achète à vil prix, il est misérablement rémunéré. Multipliez au contraire les capitaux, à l'instant les occasions de travail se multiplient dans la même proportion ; la demande s'accroît, et, comme l'offre ne peut la suivre d'un pas égal, la rémunération s'élève de tout l'accroissement de la demande. Voilà comment le secret pour améliorer le sort des travailleurs, ce secret qu'on va chercher si loin, dans tant de régions excentriques, est presque tout entier dans ces seuls mots, dans cette formule si simple : multiplication des capitaux par le crédit.

Est-il nécessaire de répondre maintenant aux objections qu'on a coutume de faire contre l'institution des banques ? Comme ces objections s'adressent en général aux idées fausses que nous avons combattues, il nous semble qu'elles tombent pour la plupart devant le seul exposé d'une doctrine plus saine. Il en est cependant qui appellent quelques réflexions.

On dit que les banques font quelquefois, par de trop larges émissions de, billets, disparaître le numéraire d'une manière gênante et quelquefois inquiétante pour le public. Nous avons montré, contre l'opinion commune, que les billets de banque ne remplacent pas effectivement le numéraire dans la circulation. Il semble donc que l'inconvénient qu'on allègue soit chimérique. Ce qui est vrai seulement, c'est que l'usage du crédit, favorisé par les banques, dispense en bien des cas, grace aux compensations de créances dont il fournit l'occasion, de l'usage du numéraire, et par cela même tend à en diminuer l'abondance dans un pays. Une diminution déterminée par de tels motifs ne peut jamais causer ni inquiétude ni gêne, et puisque c'est sa seule inutilité qui a déterminé sa disparition partielle, il est dans la nature des choses qu'il reparaisse aussitôt que le besoin s'en fait sentir. Il faut pourtant reconnaître en fait qu'on a vu dans certains pays le numéraire disparaître presque entièrement sans cesser d'être utile, et ne reparaître point, quoique réclamé par de pressants besoins. En observant ce fait avec quelque attention, on reconnaît sans peine qu'il ne se produit jamais que dans les pays où la loi donne au papier des banques, malgré le discrédit qui le frappe, un cours forcé. Il n'est pas donné à de telles lois de relever le papier dans l'opinion, et de lui rendre une valeur qu'il a perdue par d'autres causes ; mais il leur est malheureusement donné de gêner la circulation du numéraire, de lui créer une situation dé-savantageuse et fausse, et de le forcer par-là à charger un refuge à l'étranger.

Avec plus de raison, on rappelle que les pays qui jouissent du plus grand crédit sont les plus sujets à ces crises financières, qui viennent de temps à autre affliger le commerce et bouleverser toutes ses re-lations. En général, il faut le dire, on insiste trop, on appuie trop fortement sur ces accidents passagers, dont on s'exagère singuliè-rement les tristes conséquences. On ne voit pas que ces crises, là où il n'existe pas d'autre cause de malaise et de souffrance, font souvent encore plus de bruit que de mal, et que tel pays, travaillé par ces désastres financiers, est encore, à ce moment même, à tout prendre, plus heureux, plus favorisé que le nôtre. N'essayons pas pourtant d'atténuer la gravité de ces évènements ; laissons-les tels et aussi terribles qu'on les suppose. Que faudra-t-il en conclure ?

Les crises commerciales, telles qu'on les conçoit, ne sont générale-ment pas autre chose que des disparitions momentanées du crédit. Cela étant, il est naturel que ces crises n'arrivent que là où le crédit existe, par la raison bien simple qu'on ne peut perdre que ce qu'on a : il est naturel aussi que ces crises, quand elles surviennent, soient d'autant plus graves que le crédit est plus large et plus étendu. Il y a longtemps que les philosophes l'ont dit : il n'y a que ceux qui possèdent qui soient exposés à perdre, et ce sont précisément ceux qui possèdent le plus qui sont exposés aux pertes les plus grandes. Voilà pourquoi les plus riches, les plus favorisés du côté du crédit, sont plus sujets que les autres à ces perturbations qu'on appelle crises commerciales. Est-ce à dire que ce crédit soit pour eux une source de mal ? De ce qu'ils sont exposés à le perdre de temps en temps, pendant quelques mauvais jours, est-ce à dire qu'ils ont tort de s'en servir quand ils le peuvent, d'en profiter quand il existe ? Quand même ils seraient exposés, ce qui n'est pas, à le voir dispa-raître une fois sans retour, auraient-ils tort de jouir en attendant de ses bienfaits ? Ce serait l'avis des moralistes qui ont prêché le mépris des richesses ; est-ce celui des économistes et des hommes

Section IV.

d'état ? À ce compte, ils ne devraient pas repousser le crédit seulement, mais tout ce qui fait la richesse des particuliers et la richesse publique. Pour ne pas laisser les hommes exposés aux atteintes de la fortune, ils devraient les ramener à la simplicité de l'âge d'or pour ne pas laisser les cultivateurs exposés aux ravages de la grêle, ils devraient leur défendre de cultiver les champs. Mais on s'abuse sur tout cela. En voyant un état de choses prospère fondé sur le crédit, on ne voit pas assez clairement la part qui lui en revient ; on s'imagine qu'il eût été facile d'arriver là sans son secours. Quand ensuite sa disparition vient troubler cette prospérité, qui était son ouvrage, et laisse dans les relations commerciales un vide inusité, on lui attribue toutes les pertes partielles que sa retraite engendre, sans lui tenir compte du bien qu'il avait fait et de ce qu'il laisse encore après lui. Avec plus de justice, on reconnaîtrait que ces crises commerciales, dont on se fait une arme contre le crédit ; témoignent en sa faveur et sont la meilleure preuve de sa haute utilité.

Au reste, ces crises commerciales, quand elles n'ont réellement pas d'autre cause que l'altération du crédit, quand elles ne sont pas produites par quelque vice de l'ordre social, par quelque grande erreur des lois, ne sont jamais que passagères. Le crédit, un moment altéré, ne tarde pas à se remettre. Il reparaît après ces moments d'éclipse, à moins que le peuple même qui en a joui ne soit assez insensé pour porter une main indiscrète et sacrilège sur les institutions qui l'en ont doté ; il reparaît, et alors se rouvrent tous les canaux de la richesse ; les perturbations passagères dont sa disparition a été la cause sont bientôt oubliées : en moins de rien, on n'en voit plus la trace.

Mais on a honte d'insister sur des vérités si simples. Au fond, toutes les objections que l'on élève contre l'institution des banques ne trouvent une apparence de force que dans cette croyance vulgaire que le crédit repose sur des fictions. On se dit avec raison que les fictions sont toujours un oreiller trompeur, et qu'il y a danger à s'endormir sur elles. On s'en défie comme d'une perfide amorce, et l'on considère les crises commerciales comme de justes retours des illusions dont on s'était flatté. On se dit que des voies fictives ne peuvent conduire qu'à des richesses fictives et mensongères comme elles, et la crise qui survient n'apparaît plus que comme le coup de théâtre qui dissipe une illusion. Voilà ce qui donne de l'autorité et du crédit aux objections frivoles que nous venons de rapporter ; mais dès l'instant qu'il est entendu, et nous l'avons prouvé, qu'il n'y a dans l'usage du crédit ni fiction, ni mensonge, que tout cela se réduit à un emploi mieux ordonné et plus actif des capitaux réels que l'industrie possède, à un emploi mieux ordonné et plus actif du travail et de l'intelligence des hommes, enfin à une production plus large et plus féconde de richesses très réelles et très palpables, toutes ces objections s'évanouissent comme des fantômes sans consistance et sans réalité.

Quant aux maux trop réels que l'établissement des banques a quelquefois engendrés, ils naissaient moins de l'usage que de l'abus, et il est triste de penser que presque toujours les gouvernements en ont été les principaux auteurs. Pour en montrer le remède, il nous suffira d'exposer les principes qui doivent régir ces sortes d'institutions. Après tout ce que nous avons dit, cette tâche sera facile.

## Section V.

Déjà nous avons pris soin d'écarter les dénominations abusives, source de tant d'erreurs. Avec elles s'évanouissent les vaines théories dont elles sont l'unique fondement.

S'il n'est pas vrai que les billets des banques soient un papier-monnaie ou une monnaie fictive, On est d'abord mal fondé à prétendre, comme on le fait tous les jours, qu'il n'appartienne qu'au gouvernement, ou à ceux qu'il délègue, d'émettre ces billets, et, cela sous le vain prétexte que le privilège de *battre monnaie* est un attribut essentiel de la souveraineté. Par la même raison, il faut regarder comme une chimère la prétendue nécessité que l'on invoque, de ramener les billets de banque à un seul type, et de les faire émaner tous de la même source, afin de rendre (c'est le prétexte qu'on allègue) la monnaie fictive uniforme pour tout un pays comme la monnaie réelle. Si les billets de banque ne sont que des obligations commerciales, il faut dire aussi que les banques elles-mêmes ne sont que des maisons de commerce instituées en grand. De là, il n'y a pas loin à regarder comme des excès de pouvoir, ou tout au moins comme des abus, les restrictions dont on les entoure et les entraves qu'on leur impose.

Il n'y a aucune nécessité que, le législateur entreprenne d'ordonner les banques à sa manière, de limiter leur action, de déterminer les opérations qu'elles doivent entreprendre et celles dont elles doivent s'abstenir, de les soumettre enfin à des règles exceptionnelles, comme on le fait presque partout. Étudiez l'histoire des banques, et vous verrez que les maux trop réels dont elles ont quelquefois affligé les peuples, sont sortis, comme d'une source empoisonnée, de l'action illégitime que les gouvernements exerçaient sur elles.

Encore moins est-il utile d'en limiter le nombre, car ce nombre ne doit : être réglé que sur les besoins, et les besoins, il n'est donné à personne de les connaître d'avance ; c'est l'expérience seule qui les révèle et l'évènement qui les constate. En général, il est bon que ces institutions se multiplient, car plus elles sont nombreuses, moins les fautes, particulières se font sentir ; mais c'est en vain qu'un gouvernement chercherait à cet égard la juste mesure, il irait nécessairement en-deçà ou au-delà : il y aurait étouffement d'un côté et péril de l'autre. Quant au principe adopté dans quelques pays, et particulièrement en France, de n'admettre qu'une seule banque, armée d'un privilège exclusif, nous n'avons pas besoin de dire ce qu'il en faut penser.

L'institution des banques sera donc de droit commun ; elle ne sera pas plus gênée, entravée ni limitée que celle de toute autre maison commerciale.

Cependant comme les banques ont encore plus que les maisons de commerce ordinaires, une grande influence sur la prospérité générale du pays, influence proportionnée à leur importance, il est naturel et juste que le gouvernement veille sur elles avec plus de sollicitude que sur les autres maisons de commerce, que les lois soient plus attentives, plus vigilantes à leur endroit. Est-ce à dire que le gouvernement et la loi doivent les gêner, les entraver, en leur imposant des règles particulières et exceptionnelles ? Assurément non : mais les règles, et les principes ordinaires du commerce doivent leur être appliqués avec une sévérité d'autant plus grande, qu'ici la moindre violation de ces règles entraîne des conséquences plus graves. Ce qu'il faut exiger d'elles, ce à quoi la loi doit tenir, et le gouvernement veiller, c'est que tous les engagements contractés par elles soient remplis à la lettre, sans tempérament, sans remise, avec une fidélité inviolable. Après tout, personne n'a le droit de les

Charles Coquelin

en dispenser, pas même l'état, car ce n'est pas avec l'état, mais avec les particuliers et le public qu'elles ont contracté ; et il y a grand danger à le faire, car c'est les entraîner dans une voie périlleuse et préparer les désastres. Cependant la plupart des gouvernements, d'ordinaire si réservés, si difficiles, si méticuleux quant à l'institution des banques, si prompts à leur imposer toute sorte de règles arbitraires, gênantes et vexatoires, se montrent très lâches quand il s'agit, dans les moments de crise que leurs fautes ont préparés, de leur appliquer les principes du droit commun. Ils les traitent alors comme des enfants gâtés : ils se relâchent à leur égard ; ils leur accordent, en violation de leurs engagements sacrés, au mépris des droits des particuliers, des facilités abusives, qui ne font que les encourager dans des voies fausses et préparer de nouveaux désastres. Coupable facilité, tolérance funeste, dont on a vu trop souvent les déplorables suites !

Un gouvernement doit aux banques protection, liberté, mais nulle faveur. Ainsi, il est contre toute raison qu'il favorise l'émission de leurs billets, en ordonnant, par exemple, qu'ils seront reçus en paiement de l'impôt. C'est aux banques à se faire une position telle, à élever si haut leur crédit, à inspirer à tout le monde une confiance si étendue et si complète, à rendre d'ailleurs si facile la réalisation de leurs billets, que tout le monde trouve avantage et parfaite sécurité dans leur emploi. Alors les receveurs des contributions n'hésiteront pas plus que tant d'autres à les prendre sous leur responsabilité personnelle. Dans le cas contraire, il y a abus à les y forcer, ou même à les y inviter. C'est donner aux banques une marque de confiance qu'elles ne méritent pas ; c'est les encourager dans le mal, en les dispensant de mieux faire ; c'est en même temps imposer à l'état un sacrifice qu'il ne doit pas accepter, ou un danger qu'il ne doit pas courir.

À plus forte raison, ne doit-on pas donner aux billets des banques un cours forcé. C'a été la prétention de bien des gouvernements de faire circuler, sous l'autorité de la loi, des billets qui ne se recommandaient pas suffisamment d'eux-mêmes, et qui peut dire combien de désordres ces mesures violentes ont entraînés ? Quand les billets offrent toutes les garanties désirables, elles ne sont que superflues ; dans le cas contraire, elles sont à la fois odieuses et vaines. Elles sont vaines, car il n'est donné à personne, non pas même au législateur, de faire accepter dans la circulation, pour sa valeur entière, un papier discrédité ; elles sont odieuses pourtant, car il y a toujours malheureusement des cas particuliers où l'autorité de la loi prévaut, et où d'indignes spoliations se commettent sous son égide. De telles mesures, loin de soutenir le crédit, achèvent de le détruire. Elles ont d'ailleurs pour effet naturel, comme nous l'avons vu, de chasser le numéraire, en lui créant une situation désavantageuse et fausse, où il ne trouve plus que difficilement à s'échanger pour sa valeur.[1] On a renoncé depuis longtemps, grâce au ciel, à l'expédient barbare et ruineux de l'altération des monnaies ; ces mesures le rappellent, elles sont un malheureux reste de la barbarie d'autrefois.

Mais, dira-t-on, si le gouvernement n'encourage pas, par des moyens quelconques, l'usage des billets émis par les banques, comment parviendront-elles à les faire circuler en assez grand nombre dans le public ? Rien de plus simple.

Quoi qu'on ait pu dire à ce sujet, il n'a jamais été difficile à une banque, constituée sur des bases convenables, de faire accepter par le commerce, sur le même pied que de l'argent comptant, des billets payables au porteur et à vue, et de les faire circuler dans le public. Cela coule de source ; cela se fait de soi-même. De nos jours, quelques économistes, se fondant sur l'exemple actuel de la France, exemple mal interprété et mal compris, se sont imaginé qu'il était difficile, en certains cas, d'accoutumer le public à ces sortes de billets, et qu'il était nécessaire de recourir à des expédients subtils pour le familiariser avec le papier de banque. C'est une erreur que

---

1 Cela s'est vu aux États-Unis et en Angleterre, lors de la suspension des paiements des billets de banque. En donnant à ces billets un cours forcé, leur a-t-on rendu leur valeur entière ? Nullement. Malgré la loi, ils ont perdu jusqu'à 20 p. 100 et davantage, et le numéraire a disparu, au grand détriment des particuliers et du public, sans qu'aucune mesure de surveillance ou de rigueur ait pu le retenir. La suspension des paiements étant admise, mieux eût valu laisser les billets se placer comme ils auraient pu, pour la valeur qui leur aurait été attribuée par l'opinion publique. L'espoir d'un remboursement futur, plus ou moins prochain, les aurait toujours fait prendre à des conditions plus ou moins avantageuses, qui auraient été librement déterminées par les parties, de la même manière que se règle, dans les moments de discrédit, le cours des rentes publiques. Il y aurait eu sans doute, malgré tout, une certaine perturbation, conséquence inévitable de la suspension des paiements ; mais on aurait évité du moins d'ajouter à cette perturbation la gêne résultant de la disparition complète du numéraire.

Charles Coquelin

l'exemple même de la France démentirait au besoin. Il n'y a point de peuple, si peu civilisé qu'il soit, si effrayé qu'il ait pu être par des désastres antérieurs, chez lequel les billets d'une banque ne soient reçus sans la moindre peine, quand il sera bien vrai, d'une part, que la banque est solide, de l'autre, que ses billets peuvent toujours être réalisés sur-le-champ. Cette condition d'une réalisation si prompte et si facile, d'un paiement immédiat à volonté, cette condition, disons-nous, quand elle s'accomplit en effet, au vu et au su de tout le monde, est si frappante, elle parle un langage si haut et si clair, si accessible aux intelligences les plus bornées, qu'il n'y a personne en aucun pays qui résiste à son éloquence aussi n'est-il, pas vrai que nulle part, pas plus en France qu'ailleurs, il ait été nécessaire de travailler l'esprit public sur ce sujet. Si les billets de la banque de France ne circulent qu'à Paris, c'est qu'ils ne sont en effet réalisables qu'à Paris. Si à Paris même la circulation en est très bornée, c'est que les coupons en sont trop élevés pour être en rapport avec les besoins du plus grand nombre. Il n'est pas nécessaire, pour expliquer ce phénomène si simple, d'imaginer dans le publie de prétendues répugnances qui n'existent pas.

De même qu'une banque peut faire accepter ses billets par le publie, elle peut, si elle est libre dans son action, arriver facilement à équilibrer d'une manière assez constante, le montant de ses émissions et celui des effets de commerce en portefeuille. Pour cela elle n'a guère autre chose à faire que d'élever ou d'abaisser ses coupons. L'expérience prouve et la raison explique que des coupons trop élevés, n'étant pas en rapport avec les besoins les plus ordinaires de la circulation ne peuvent passer que : dans un très petit nombre de mains, et doivent par conséquent revenir assez promptement à la caisse, lorsque les premiers porteurs ont besoin de les réaliser, tandis que les coupons plus faibles, étant à la portée d'un plus grand nombre, et pouvant s'adapter aux, besoins de tous les jours, ont généralement une circulation plus générale, et plus longue. Pour étendre ses émissions, une banque n'a donc ; qu'à abaisser ses coupons, de même qu'elle peut les élever, si elle éprouve par hasard le désir ou le besoin de les restreindre.

Tels sont, à l'égard des banques, les seuls principes que la raison avoue et que l'expérience confirme. Quant aux règles de conduite que ces établissements doivent s'imposer à eux-mêmes, en ce qui

Section V.

touche l'escompte et la circulation, elles se déduisent sans peine de la nature même de leurs fonctions et des lois générales du commerce. Elles sont d'ailleurs connues, ou, s'il restait sur certains points quelques doutes, ce qui précède les aura déjà dissipés.

Mais, on a vu que les banques sont susceptibles de remplir d'autres fonctions, comme par exemple, celle de recevoir en dépôt l'argent des particuliers. Quoique ces fonctions soient moins importantes que les premières, qu'elles soient aussi plus faciles à définir et à comprendre, et que nous les ayons déjà presque suffisamment analysées en faisant l'historique des banques, on nous permettra de présenter encore quelques courtes observations sur ce sujet.

Nous avons dit que, pour les, banques de dépôt, il y a plusieurs manières de procéder ; mais il n'y en a qu'une, qui soit au niveau des progrès accomplis, et en rapport avec les vrais besoins des peuples : c'est celle qui est suivie par les banques d'Écosse. Elle consiste à recevoir tous les dépôts en argent qui se présentent, et à les faire servir aux opérations de la banque, comme si ces capitaux étaient les siens à charge par elle de les restituer aussitôt qu'on le demande, et de payer, pour tout le temps de la jouissance, un intérêt plus ou moins élevé selon les temps.

En ceci, comme en tout le reste, les banques ne s'écartent que par la forme de la manière de faire des banquiers particuliers. Le fond reste invariablement le même. Par leurs escomptes et leurs émissions de billets, elles se sont rendues intermédiaires entre les négociants ; par la réception des dépôts, elles se rendent intermédiaires entre eux et les capitalistes. Seulement les banques publiques exercent cette nouvelle fonction comme les autres avec toute la supériorité qu'elles doivent à leur constitution. Tandis que les banquiers particuliers ne reçoivent de dépôts que d'un petit nombre d'hommes, par sommes assez rondes, à des conditions spéciales, presque toujours déterminées pour chaque cas, et ne s'obligent guère au remboursement qu'avec la réserve d'un avertissement préalable, les banques les reçoivent de toutes mains grands ou petits, à des conditions générales, uniformément réglées et s'obligent à rembourser à toute réquisition : différences qui sont toutes à leur avantage, et qui s'expliquent tant par l'importance de leurs capitaux propres que par l'étendue même de leurs opérations.

Charles Coquelin

Les avantages qu'offrent les banques de dépôt se conçoivent sans peine ; comme nous les avons déjà exposés, il est inutile d'y revenir.

Il semble, au premier abord, qu'il y ait quelque danger pour une banque à se charger ainsi d'une masse de dépôts qu'elle s'oblige à rembourser à toute réquisition. Il est clair qu'elle doit se réserver, à part-elle, la faculté d'en employer au moins une grande partie, soit pour ses escomptes, soit pour tout autre usage ; autrement, comment se trouverait-elle en mesure d'en payer un intérêt ? Mais si elle les emploie, comment-fera-t-elle s'il arrive par hasard que les déposants, poussés ou par la malveillance ou par quelque terreur panique, se présentent en masse pour le remboursement ? Voilà ce qu'on peut dire. Mais l'expérience a prouvé que ce danger n'existe pas, et, en y réfléchissant bien, on le comprendra sans peine. Il faut toujours supposer que la banque opère sur une grande échelle, et que ses déposants sont très nombreux, car l'opération n'est possible qu'à cette condition. Eh bien ! la malveillance, quelque arme qu'on lui prête, ne peut produire sur un si grand nombre d'hommes un effet subit ; elle ne peut pas non plus les travailler dans l'ombre sans que ses machinations s'éventent. Ainsi la banque sera toujours avertie d'avance et assez à temps pour prendre ses mesures. Quant aux conspirations, qui peuvent s'ourdir entre un petit nombre d'hommes, elles seront toujours impuissantes en raison même de la masse des dépôts, et une banque n'aura guère à les redouter, si elle a soin ; comme cela doit être, de se tenir constamment sur ses gardes, en conservant toujours par devers elle une portion assez respectable des dépôts. Les paniques ne sont guère plus à craindre ; elles ne sont jamais ni si générales, ni si subites qu'on le suppose il y a toujours quelques symptômes qui les précèdent, et une banque bien entendue et bien conduite aura toujours le temps et le pouvoir de les combattre. Il faut songer que l'effroi public, quelle qu'en soit la cause, a toujours pour contrepoids, en pareil cas, l'intérêt particulier qui défend de retirer ses fonds d'un lieu où ils rapportent, pour les laisser improductifs, et d'autant mieux, que, si le retrait devenait général, il serait encore plus difficile de trouver l'emploi de tant de fonds tout à coup inoccupés. Voilà pourquoi les paniques de ce genre s'arrêtent dans leur marche, quand il n'y a pas de cause légitime qui les propage. Voilà pourquoi toutes les paniques du monde n'ont jamais ébranlé que des banques mal as-

Section V.

sises, en qui il existait réellement un vice originel, un principe de désorganisation, que la crise ne faisait que mettre en évidence, et dont le public s'effrayait avec raison.

Dès l'instant qu'une banque accepte des dépôts à intérêt, elle accroît ses ressources de toute la masse de ces dépôts. Par cela même, elle s'ouvre une nouvelle carrière et se met en état d'entreprendre ce qu'elle n'aurait pu faire en se bornant pour toute ressource à l'émission de ses billets. Aussi, les banques qui sont entrées dans le système des dépôts à intérêt ont-elles généralement adopté l'usage d'ouvrir aux négociants des crédits à découvert. Ceci ressemble à l'escompte en ce que ce n'est, à vrai dire, qu'un autre moyen de venir en aide au commerce et de lui fournir des capitaux ; mais c'est une manière fort différente quant à la forme, et même, à certains égards, différente quant au fond. Dans le cas de l'escompte, il y a toujours une opération commerciale antérieure constatée par la création d'un effet de commerce, et dans laquelle la banque ne fait qu'intervenir après coup ; tandis que, dans le cas des crédits à découvert, cette opération antérieure n'existe pas. Dans l'escompte, la banque reçoit un effet de commerce et donne en échange le sien ; dans les crédits à découvert, la banque donne ou de l'argent ou des billets et ne reçoit rien. Ajoutons que, dans le premier cas, l'avance faite par la banque, si tant est qu'il y ait avance, est garantie au moins par deux signatures, tandis que, dans le second, il n'y a que la garantie pure et simple du négociant crédité.

Il résulte de là que cette dernière manière de venir en aide au commerce est, au fond et considérée en elle-même, plus délicate, plus périlleuse, si l'on veut, que la première, et que par conséquent elle doit être pratiquée avec des ménagements encore plus grands. Voyons d'abord les avantages réels qu'elle peut offrir.

En général, nous l'avons dit, il n'est pas bon qu'une banque s'ingère de faire des avances directes au commerce ; ce n'est pas là son rôle, elle ne le remplirait ni utilement pour le public, ni avec avantage et sécurité pour elle-même. Il semble donc que les crédits à découvert doivent être généralement condamnés, et, en principe, cela est vrai. Néanmoins ces crédits peuvent être très utilement employés dans une certaine mesure. Voici comment : on sait qu'il est d'usage, chez tous les hommes qui se livrent au commerce, de garder constamment par-devers soi, et dans sa caisse, une certaine somme de réserve pour les besoins imprévus. Elle est là pour payer les billets qu'on a mis en circulation et qui viendraient à être retournés faute de paiement par le souscripteur, pour régler les comptes qui viendraient se présenter à l'improviste, en un mot, pour tous les besoins imprévus. Aucun négociant ne se dispense d'avoir une telle réserve, et la prudence la plus vulgaire ne lui permet pas de s'en dispenser. C'est là néanmoins une obligation fâcheuse pour lui, en ce qu'elle le prive constamment d'une partie de ses ressources. C'est en même temps une perte pour un pays en général, en ce qu'il y a là, éparpillée dans toutes ces caisses particulières, un capital considérable qui demeure inactif. C'est à cela qu'une banque peut utilement pourvoir au moyen des crédits à découvert ; c'est cet inconvénient grave qu'elle peut faire disparaître sans danger. Elle ouvre donc à chaque négociant qu'elle reconnaît solvable un crédit, au moyen duquel il peut disposer sur elle, et à l'instant, jusqu'à concurrence pour d'une certaine somme ; crédit non assez élevé pour lui permettre de rien, entreprendre avec son aide, mais suffisant pour répondre à ses besoins imprévus. Dès-lors le négociant se trouve dispensé d'avoir une réserve dans sa caisse, il peut utiliser habituellement tout son capital jusqu'au dernier sou.

Qu'on nous permette à ce sujet une remarque. La fonction qu'on attribue communément aux banques, en tant que banques d'escompte et de circulation, c'est d'économiser l'emploi du numéraire en le remplaçant dans la circulation par du papier, de manière à permettre d'en convertir une grande partie en capital productif. Nous avons vu qu'on se trompe à cet égard, puisque les billets de banque remplacent, non l'argent, mais les effets de commerce. Mais ce service particulier d'utiliser le numéraire dormant, les banques le rendent plus spécialement, en tant que banques de dépôt, au moyen des dépôts d'une part, et des crédits à découvert de l'autre. Comme banques d'escompte, elles agissent sur les capitaux en général ; comme banques de dépôt, elles ont spécialement en vue le numéraire, dont elles ménagent l'emploi, en faisant qu'une somme relativement médiocre, centralisée dans leurs caisses, rende les mêmes services qu'une somme infiniment plus considérable éparpillée dans les caisses privées.

En ouvrant des crédits à découvert, une banque doit éviter avec soin de laisser à chacun des crédités une trop grande marge. Elle doit se faire une règle inviolable de maintenir les crédits dans des bornes très étroites, comme aussi de limiter rigoureusement la durée de ces mises dehors et de fixer de très courts termes pour les remboursements. En général, répétons-le, ces crédits ne doivent servir qu'à parer aux besoins accidentels et imprévus. En aucun cas, la banque ne doit souffrir qu'aucun des crédités en fasse la base même de ses opérations ; autrement, et la banque tomberait dans la dépendance des crédités, forcée qu'elle serait, par son intérêt même, de les soutenir après les avoir élevés, et les crédités tomberaient dans la dépendance absolue de la banque, puisque leur existence dépendrait de sa volonté ou de son caprice double dépendance qui serait une source de graves inconvénients. Si les opérations de ce genre ne conviennent pas aux banques, à plus forte raison doivent-elles s'abstenir de commanditer les maisons de commerce ou les établissements industriels. Commanditer une industrie, c'est le fait d'un capitaliste qui a des fonds disponibles, dont il peut se séparer pour un temps indéfini, et auxquels il cherche un placement avantageux ; ce n'est pas le fait d'une banque, qui n'a pas de fonds à placer. Une banque n'a en propre que son capital de réserve, dont elle ne doit pas se séparer ; elle opère, du reste, avec son seul crédit. Est-ce avec le crédit seul que l'on peut pourvoir à des placements de longue haleine ? Cela répugne à la raison. L'institution des compagnies commanditaires est donc une erreur en industrie, et l'expérience le prouve. De toutes celles qu'on a formées, pas une n'a prospéré. Si quelques-unes se sont soutenues, c'est qu'à ces fausses opérations elles en joignaient d'autres mieux entendues, et qui jusqu'à un certain point en neutralisaient le vice. Dans ce cas même, leur adjonction est un tort. C'est celui qu'on peut reprocher aux banques de Belgique qui n'ont pas laissé cependant de rendre de grands services à leur pays.

Le même raisonnement s'applique aux banques agricoles, c'est-à-dire spécialement instituées pour favoriser l'agriculture et faire des avances aux cultivateurs. Les rentrées sont si lentes dans l'agriculture, et les cultivateurs sont, par leur position même, si éloignés du, mouvement commercial, qu'ils ne peuvent guère contracter que, des engagements lointains, condition diamétralement opposée à la bonne administration d'une banque. Nous pourrions citer plusieurs banques agricoles qui ont croulé, quelquefois, dans les conditions en apparence les meilleures et avec un actif fort supérieur à leur passif. Nous n'en connaissons pas une qui ait joui d'une existence prospère.

C'est bien à tort, du reste, qu'on veut établir pour l'agriculture des établissements spéciaux de crédit. Développez le crédit largement dans les villes, et soyez sûrs, qu'alors il se communiquera, il se répandra partout, même à la campagne, si ce n'est directement au moins par des intermédiaires, pourvu toutefois que le mouvement des produits agricoles au dedans et au dehors soit assez libre pour qu'ils deviennent dans les villes un objet de commerce et de spéculation.

En finissant, il conviendrait peut-être de jeter un coup-d'œil sur ce qui existe, en France pour en signaler les défauts ou les mérites ; mais ce qui existe en France n'offre malheureusement qu'une bien petite matière à l'observation. Le principe du privilège, appliqué d'ailleurs avec une parcimonie rare, y a tout enchaîné, tout amoindri. Une dizaine de banques pour un pays tel que la France ! voilà tout. Et encore dans quel cercle étroit ces établissements sont-ils condamnés à se mouvoir ! Tels qu'ils sont, ils font encore du bien ; qui en doute ? Mais ce sont à peine quelques gouttes d'eau répandues sur un sol aride.

Ce n'est pas, qu'à certains égards la, banque de France ne soit une grande et belle institution. Par l'importance de son capital, et même par l'étendue de ses escomptes lle ne le cède à aucune autre. Cependant elle ne pratique ni les dépôts à intérêts, ni les crédits à découvert, opérations si utiles à l'industrie ; sa circulation est d'ailleurs très bornée, au point qu'elle égale à peiné la masse des fonds, qu'elle tient constamment en réserve : pour tout dire enfin, elle est seule, armée d'un privilège exclusif, dans un centre de commerce où plusieurs établissements du même genre se trouveraient à l'aise.

Au reste, le plus grand, le seul tort peut-être du système français, c'est cette extrême exiguïté, jointe à l'abus du privilège exclusif. À part cela, on n'y remarque rien de foncièrement condamnable. Nos banques, si peu nombreuses, si chétives quant à l'étendue de leur action, sont du moins exemptes de ce vice originel ; qui en a égaré tant d'autres. L'intervention du gouvernement, chose rare, n'en a pas corrompu le principe ni dénaturé l'essence. Quoique établis sous son autorité et agissant même à certains égards sous sa direction ou son contrôle, elles n'ont guère été détournées à son profit de leur destination commerciale, et jamais d'une manière vraiment compromettante ; circonstance qui fait honneur à la moralité des divers gouvernements qui se sont succédé en France depuis leur institution. Ce qui reste à faire à leur égard en est abrégé et simplifié d'autant. Il s'agit moins d'émonder que d'amplifier et d'étendre ; tâche facile, agréable même, pour l'homme d'état qui saura l'entreprendre, sauf toutefois la suppression du privilège, devant laquelle plus d'un reculera.

Une belle occasion s'offrait d'élargir ce système lorsqu'il fut question, en 1840, du renouvellement du privilège de la banque de France. On n'en profita point, on ne voulut rien faire. Il était difficile d'espérer qu'on allât dès ce moment jusqu'à retirer à la banque le privilège dont elle jouissait depuis quarante ans, car quelle apparence qu'avec les préjugés dont on était imbu on se prononçât contre cette espèce de droit acquis ? On l'aurait pu, selon nous, sans dommage pour la banque elle-même, qui aurait amplement regagné, par l'extension de ses attributions, ce que la concurrence lui eût fait perdre. La première en date, recommandable par ses antécédents, par sa conduite constamment prudente et sage, par ses grands capitaux, accrus de la somme de ses bénéfices antérieurs, elle eût certainement conservé sur toutes les banques qui se seraient établies à côté d'elle une supériorité marquée, et même une sorte de patronage, qui n'eût été ni sans honneur ni sans profit. Certes une semblable position, fécondée d'ailleurs par les nouvelles attributions qu'elle se serait données, eût été, malgré les tracas inévitables de la concurrence, plus avantageuse à la fois et plus haute que l'existence exclusive, mais étroite, qu'on lui a faite. On pouvait donc supprimer ce privilège, au grand avantage du pays et sans dommage pour personne ; mais cette vérité ne devait pas être comprise alors par le gouvernement, par la législature, et surtout elle ne devait pas prévaloir chez les intéressés. Quiconque jouit d'un privilège y tient, n'en obtînt-il que des avantages problématiques, et pour un gouvernement il est malheureusement toujours plus facile de l'accorder que' de le retirer. Aussi personne n'espérait-il que ce privilège serait détruit ; mais qui aurait pu jamais croire qu'on ne songerait pas même à l'étendre ; et que toutes choses seraient maintenues dans l'état misérable où elles étaient auparavant ?

Si aujourd'hui notre parole avait quelque autorité près du gouvernement et près des chambres, nous leur demanderions non pas d'abolir le privilège, puisqu'à cet égard il y a engagement contracté et parti pris, mais de faciliter l'établissement des banques dans les départements ; quant aux banques existantes, de favoriser, au lieu de les défendre, les relations qu'elles peuvent former entre elles ; de les autoriser à recevoir des dépôts à intérêts de 2,000 fr. au minimum ; de leur permettre en conséquence d'ouvrir des crédits à découvert dans une certaine limite ; enfin d'abaisser le minimum des coupons de billets, non pas au taux de 250 fr., comme on l'a proposé pour la banque de France ; non pas même au taux de 125 fr. comme en Angleterre, mais au taux de 25 fr., comme en Écosse.

Section V.

ISBN : 978-1973894858

www.ingramcontent.com/pod-product-compliance
Lightning Source LLC
Chambersburg PA
CBHW051331220526
45468CB00004B/1587